Neue Zabel-Satiren

Uwe Zabel

Das Leben steckt voller Über-raschungen

Neue **FÜNF-MINUTEN-SATIREN**

Über den Autor:

Uwe Zabel, im letzten Jahrhundert in Nordseenähe geboren, schreibt hauptsächlich kurze,
manchmal sogar einseitige Texte. Lebt in Berlin
und manchmal woanders.
Diverse Veröffentlichungen in Zeitschriften und
Anthologien.
Weitere Einzelveröffentlichung:
Schnappschildkröten, FÜNF-MINUTEN-SATIREN
Klaus Bielefeld Verlag, Friedland 1999

Alle Rechte liegen beim Autor
www.zabel-satiren.de
i-mehl: uwezab@aol.com

Herstellung:
Books on Demand GmbH, Norderstedt
Berlin, 2002
.
ISBN 3-8311-2824-3

Inhalt

Bankgeschäfte 7

Die Bewerbung 9

Geschäftsvorgänge 11

An unsere verehrten Bewerber 13

Meine Dampferfahrt 15

Erfolgreiches Ende 17

Eine eigenartige Busfahrt 19

Eine neue Elchart 26

Dampfturbosauger 30

Die Veränderung 31

Dynamik 34

Der Aufpasser 38

Der Trickbetrüger 40

Ein Löwe unterwegs 42

Als Rotkäppchen erwachsen war 44

Der große Regen 46

Das Vergehen 48

Alle Vögel sind schon da 49

Eisenlöffel 52

Wo ist der Flaschenöffner? 54

Im Fundbüro 57

Reisemängel	58
Das aktive Nachtprogramm	60
Der gemeine Ohrwurm	62
Herausforderungen	64
Das Leben steckt voller Überraschungen	67
Touristeninformation	86
Glück	88
Gefährliche Straßenräuber	90
An einem Frühlingstag	91
Der Schwan	93
Ein ungewöhnlicher Tag	94
Unsere Verbraucherinformation	98
Eine große Umstellung	100
Unsere beliebte Talkshow	103
Sonnenverwirrung	104
Sonntags	106
Experimente	108
Berufe mit Zukunft	112
Das Angebot	114
Herausforderungen	115
Ein verständnisvoller Mitarbeiter	118
Der Kampfhund	119

Bankgeschäfte

Schmalfuß ging schon am frühen Morgen in die Bank. Er brauchte nicht lange warten, bis er an die Reihe kam. Dem Kassierer gab er einen Zettel. Dieser las aufmerksam:
"Sehr geehrte Damen und Herren, dies ist ein Banküberfall! Mit freundlichen Grüßen."
"Sie müssen hier noch unterschreiben," sagte der Kassierer.
"Wo?"
"Unter *Mit freundlichen Grüßen*, das ist Vorschrift. Bitte, hier ist ein Stift."
"Entschuldigung, daran habe ich nicht gedacht," sagte Schmalfuß und reichte dem Kassierer den unterschriebenen Zettel.
"Ja, haben Sie überhaupt eine Waffe dabei," fragte der Kassierer.
"Selbstverständlich. Ich wollte nicht gleich so aufdringlich erscheinen." Er kramte in seiner Tasche.
"Darf ich mal sehen. Wir müssen neuerdings die Waffen überprüfen. Ich selbst bin allerdings kein Experte. Letztesmal kam jemand mit einer Spielzeugpistole."
"Bitte." Schmalfuß reichte dem Kassierer seinen Revolver. Er musste einen Moment warten.
"Ein schönes Stück haben Sie da, sagt mein Kollege. Aber sie ist ja gar nicht geladen. Da kann ich Ihnen leider nicht so viel auszahlen. Wie hätten Sie´s denn gerne."
"Gemischt"

"Wenn Sie das Geld anlegen möchten, unser Kundenberater steht Ihnen gerne zur Verfügung."

"Ich komme sicher darauf zurück. Aber im Moment habe ich es eilig." Er wurde unruhig.

Der Filialleiter kam auf ihn zu.

"Darf ich noch ein Foto von Ihnen machen? Vielleicht mit dem Kassierer zusammen? Sie sind der fünfundzwanzigste Bankräuber, der uns besucht. Das ist doch ein Grund für eine kleine Feier. Bitte etwas freundlicher." Schmalfuß versuchte ein Lächeln. Der Filialleiter servierte auf einem Tablett einige Gläser mit Sekt.

Beim Hinausgehen sah er noch wie die alte Frau, die geduldig hinter ihm gewartet hatte, eine kleine Pistole aus der Tasche zog.

Was für ein merkwürdiger Tag, dachte Schmalfuß.

Die Bewerbung

Der Anruf erreichte Fingerlos am späten Vormittag.

"Entschuldigung, wir wollen nicht stören, aber wir haben gehört, dass Sie einen Job suchen."

"Stimmt."

"Durch einen glücklichen Zufall haben wir es erfahren, und wir wären Ihnen dankbar, wenn Sie einmal vorbei kommen könnten. Passt es Ihnen am Dienstag um elf oder am Donnerstag um vierzehn Uhr?"

"Gut, am Donnerstag komme ich zu Ihnen."

Am Donnerstag um vierzehn Uhr fand sich Fingerlos im Personalbüro ein.

"Sie sitzen hoffentlich bequem, Herr Fingerlos, dürfen wir Ihnen etwas zu trinken anbieten? - Es handelt sich übrigens um eine verantwortungsvolle Tätigkeit."

"Oh, ich glaube, das ist dann nichts für mich." Fingerlos wollte aufstehen.

"Aber, bitte, bleiben Sie doch", sagte der Personalchef väterlich, so schlimm ist es nun auch nicht. Wir wollen nicht indiskret sein, aber wir hätten gerne zumindest andeutungsweise gewusst, auf welchem Gebiet Sie zuletzt schwerpunktmäßig gearbeitet haben."

"Zuletzt war ich mehrere Jahre beratend tätig, und insgesamt kann ich sagen, dass ich über viel Lebenserfahrung verfüge und universell einsetzbar bin. Außerdem bin ich pünktlich und zuverlässig."

"Ich glaube", sagte der Personalchef, "Sie könnten eine Bereicherung sein für unser Unternehmen."

"Fein", sagte Fingerlos. "Allerdings, bevor ich mich ernsthaft interessiere, wüsste ich über Ihr Unternehmen gern etwas mehr. Wie sehen zum Beispiel die Bilanzen aus?"

"Es ist alles für Sie vorbereitet."

"Sehr gut. Könnten Sie mir vielleicht außerdem Näheres mitteilen über den Firmengründer und meinen unmittelbaren Chef, eventuelle Vorstrafen, Abmahnungen usw."

"Selbstverständlich, bitte hier haben Sie die Hand geschriebenen Lebensläufe der Vorstandsmitglieder."

"Prima, ich werde das Material zu Hause in Ruhe sichten. Sie bringen dafür gewiss Verständnis auf. Schließlich sind Sie nicht der einzige Bewerber um meine Arbeitskraft."

Fingerlos erhob sich. "Ich werde voraussichtlich in ungefähr sechs Wochen von mir hören lassen."

"Es würde uns wirklich sehr freuen, Herr Fingerlos. Als kleine Aufmerksamkeit wird Ihnen in den nächsten Tagen eine Kiste Wein zugeschickt werden."

"Trockener", sagte Fingerlos, "wäre mir sehr recht, den trinke ich am liebsten."

Geschäftsvorgänge

Als Fingerlos nach seinem Urlaub wieder an seinem Arbeitsplatz zurückkehrte, wollte er wie üblich seinen Arbeitsrechner starten. Er gab das Passwort ein, aber es passierte nicht das Erwartete. Stattdessen erschien eine Meldung auf dem Bildschirm:
"Herr Fingerlos, schön, dass Sie wieder da sind. Über einen Besuch im Personalbüro würden wir uns freuen."
Fingerlos ging also ins Personalbüro und steckte seine Kennkarte in den Personalroboter.
"Guten Morgen, Fingerlos, ich sehe, Sie sind braungebrannt. Wie war der Urlaub?"
"Leider viel zu kurz."
"Ich glaube, wir können Ihnen da helfen. Aufgrund einer umfassenden Analyse Ihrer Gene sind wir zu der Überzeugung gekommen, dass ein weiteres Verbleiben in unserer Firma nicht sinnvoll wäre. Mit einer gewissen Wahrscheinlichkeit werden Sie in den nächsten zehn Jahren an einer allergischen Reaktion erkranken und uns zur Last fallen."
"Aber ich habe doch selbst diesen Gentest entwickelt!" sagte Fingerlos.

"Dafür sind wir Ihnen auch sehr dankbar. Sie werden selbstverständlich in unserer Gedenkschrift lobend erwähnt. Bitte drücken Sie auf die große Taste. Mit dem Coupon, den Sie dann freundlicherweise entnehmen, können Sie sich noch ein letztes Mal in der Kantine satt essen."

"Danke."

"Und alles Gute für Ihren weiteren Lebensweg," sagte der Automat zum Schluss. Seine Stimme klang fast menschlich.

An unsere verehrten Bewerber:

BEANTWORTEN SIE BITTE FOLGENDE FRAGEN GEWISSENHAFT!

Schwitzen Sie nachts gelegentlich?

Haben Sie vor, die Steuerkarte zu wechseln?

Mögen Sie gerne Studentenfutter?

Geraten Sie leicht aus dem Häuschen?

Glauben Sie an das, was Politiker äußern?

Sind Sie sonst irgendwie gläubig?

Leben Ihre Großeltern noch?

Wenn nicht, woran und warum sind sie gestorben?

Fühlen Sie sich diesen Fragen gewachsen?

Haben Sie in diesem Moment feuchte Hände?

Leiden Sie oft unter Heiserkeit?

Wissen Sie, was Ihre Frau/Ihr Mann in diesem Moment macht?

Leiden   Sie   an Bandwürmern?

Wissen Sie, was ein Bandoneum ist?

Haben Sie noch Ihre Mandeln?

Glauben Sie an die Wiedergeburt?

Sind Sie ein geselliger Mensch?

Wenn ja, welche Biersorte bevorzugen Sie?

Glauben Sie, dass das Leben einen Sinn hat?

Wenn ja, welchen?
(Wenn der Platz nicht ausreicht, bitte Rückseite benutzen.)

Meine   Dampferfahrt

Ich habe gerade eine Dampferfahrt unternommen. Das war sehr abwechslungsreich. Zunächst hatte ich ja die Befürchtung, dass es langweilig werden würde. In den ersten Tagen war tatsächlich nichts als Wasser zu sehen und so wurde ich schon ungeduldig. Aber dann kam die versprochene Abwechslung. Wir erblickten die ersten Tanker, die auf Grund gelaufen waren. Es soll sehr mühevoll gewesen sein, dass ganze Öl auf andere Schiffe abzupumpen. Für die Vögel war es nicht einfach. Das alles habe ich mit meinem Fernglas beobachtet. Das Fernglas war nicht billig. Aber die Anschaffung hat sich gelohnt.

Die großen Fische, die immer näher an das Schiff herankamen, habe ich zunächst für Delphine gehalten. Aber es waren Haie. Einige Passagiere verloren beim Beobachten das Gleichgewicht. Sie trugen zwar Schwimmwesten und hätten sich deshalb länger über Wasser halten können, wären da nicht die Haie gewesen. Die müssen großen Hunger gehabt haben. Es gab keine Zweifel, die Haie waren echt. Dieser Vorfall führte dazu, dass wir restlichen Passagiere sehr vorsichtig wurden. Doch, so eine Schiffsfahrt würde ich gerne wieder machen. Es ist etwas anderes, als wenn man alles nur im Fernsehen sieht. Übrigens, Weiße Haie sind eigentlich nicht so gefährlich wie die meisten Menschen glauben. In der Regel spucken sie die Menschen gleich wieder aus, nachdem sie zugepackt haben. Zunächst einmal wird die Beute sanft angekaut, um sie auf Essbarkeit zu prüfen. Der Hai geht hier sehr wählerisch vor. Das wurde in umfangreichen Versuchen herausgefunden. Es werden noch Kontaktpersonen für Haie gesucht. Die werden dann später in eine Talkshow ihrer Wahl eingeladen!

Erfolgreiches Ende

Erst spät gelangte Winkelmann zu Ruhm. Nach seiner Abwahl als Kreisvorsitzender einer liberalen Partei, suchte er vergeblich die auf ihn gerichteten Fernsehkameras. Er ließ sich von einem bekannten Astrologen beraten. Der sagte ihm eine große Zukunft voraus, er solle nur abwarten.

So war Winkelmann zunächst Gast in den wichtigsten Heilbädern, achtete auf gesunde Ernährung, trank nur Rotwein und hin und wieder ein Glas Klosterfrau Melissengeist und nur Schnaps, in dem eine Ginsengwurzel versenkt worden war. Nach dem Aufstehen hielt er sich durch spezielle Seniorengymnastik fit. *Drehen Sie Ihren Kopf nach links, aber nicht zu weit.* Das dauerte eine Viertel Stunde. Dann las er schweißgebadet die Todesanzeigen, bis so gegen elf Uhr die Schonkost auf Rädern geliefert wurde. Schließlich wurde es für Winkelmann Zeit an einem preisgünstigen Altersendphasenprogramm teilzunehmen, inklusive der fünf Sterbephasen, das am *Institut für angewandtes Altern* für Politiker entwickelt wurde. Da dieses Programm noch in der Erprobungsphase war, wurden Winkelmanns Fortschritte von einem Privatsender regelmäßig übertragen.

Winkelmann erzielte in jeder Phase die höchste Punktzahl. Als es darum ging, von einem kleinen Flugzeug aus mit einem altersgerechten Fallschirm abzuspringen, hatte er jedoch bedenken. So etwas ist nicht jedermanns Sache, sagte er sich. Er konnte jedoch den Punkteabzug dadurch ausgleichen, indem er an einer Seniorenrundtour durch die Sahara teilnahm.

Später, als Winkelmann entkräftet in seinem Bett lag, wich der Altersmanager Nassvogel nicht mehr von seiner Seite.

Diese letzte Sterbephase wurde life im Fernsehen übertragen. "Sie müssen es so sehen, Sie ziehen in ein anderes Haus um", sagte Nassvogel mit milder Stimme: "und bald haben Sie es ja geschafft."

Er blickte auf die Uhr.

"Bitte beantworten Sie mir noch ein letztes Mal folgende Fragen: Wie fühlen Sie sich in diesem Moment? Das ist ganz wichtig für mich. Es reicht, wenn Sie mir eine Zahl zwischen 1 und 6 nennen. Das ist so wie bei den Schulnoten."

"Ungefähr zwischen zwei und drei", antwortete Winkelmann.

"Ich glaube, liebe Zuschauer, heute haben wir einen Grund, die Sendezeit ein wenig zu überziehen", meinte Nassvogel.

"Ja, und wenn Sie jetzt zurückblicken, was war das herausragende Ereignis in Ihrem Leben Herr Winkelmann?" fragte Nassvogel.

"Dass ich noch einmal live im Fernsehen bin."

Das waren seine letzten Worte. Dann war es zu Ende mit ihm. Winkelmann war berühmt geworden. Nassvogel griff zu einem Tempotaschentuch mit extra starker Saugkraft.

Eine eigenartige Busfahrt

Die Socken, die er an diesem Morgen anzog, waren trocknergeeignet. Das erfuhr Waldvogel, als er ein Etikett aus dem linken Strumpf fischte. Eine halbe Stunde später bestieg er einen Gelenkbus der neueren Generation. Waldvogel hatte mit wachsender Ungeduld auf den Bus gewartet, denn auf einem kleinen Zettel an der Bushaltestelle konnte er lesen, dass jemand nach zwei kleinen entlaufenen Mambas suchte. Ihm fiel sofort auf, dass laufen wohl nicht das richtige Wort bei Mambas sei. Ganz in der Nähe fuhr ein Krankenwagen mit Blaulicht eilig über die Kreuzung – möglicherweise hatten die Mambas ein Opfer gefunden - und so bestieg er erleichtert den nächsten Bus. Waldvogel hatte eigentlich nichts gegen Schlangen, aber er hatte sich als Biologe auf Spinnen spezialisiert. Mit Mambas kannte er sich nicht so gut aus.
Diesmal setzte er sich in die Nähe des Fahrers. Der Fahrer bremste scharf, als er die nächste Haltestelle kommen sah. "Sehen Sie, es hat funktioniert." Er freute sich wie ein Kind. "Es sind elektronisch verstärkte Bremsen."
"Das ist Ihnen aber wirklich gut gelungen", sagte Waldvogel. Jeder Mensch braucht mal eine Anerkennung.
"Übrigens hat unser Bus eine spezielle Neigungstechnik."

"Das habe ich schon gemerkt." Waldvogel war dies nicht entgangen.

Dann erzählte der Busfahrer von seinen drei Kindern. Das mittlere Kind - ein 9jähriger Junge - hatte drei Fehler im letzten Diktat. Er hatte einige Buchstaben vergessen. Die Lehrerin trug meistens Pullover aus 100% Schurwolle von freilaufenden Schafen, die sie von einem ökologischen Versandhaus bezog. Dazu kam, dass sie wert legte, dass die Schüler das Diktat auf 80% holzfreiem Papier schrieben, chlorfrei gebleicht, von Pädagogen empfohlen.

"Sie sitzt ganz hinten im Bus." Der Busfahrer deutete mit der Hand nach hinten.

An der nächsten Haltestelle setzte sich die ehemalige Leiterin des Kulturhauses von Alma Ata und frisch ausgebildete Hundeführerin Olga W. auf dem Platz vor ihm. Sie zog ein Bewerbungsschreiben samt Lebenslauf aus der Tasche und zeigte die Schreiben Waldvogel.

"Bitte lesen Sie. Vielleicht sind noch Fehler darin." Waldvogel schien ihr vertrauenswürdig zu sein.

Sehr geehrte Damen und herrn, hiermit möchte ich mich um die Stelle einer hundeführerin bewerben.

Sie gab ihm auch ihre weiteren Bewerbungsunterlagen. Darunter war ein Erlaubnisschein, Kettensägen zu führen. Das sollte ihre berufliche Vielseitigkeit unterstreichen.

Unter den Fahrgästen waren die Brillenträger in der Überzahl. Fünf der Fahrgäste hatten eine Wanderniere, vier Fahrgäste trugen künstliche

Gebisse. So musste es sein. Waldvogel kannte sich in der Statistik aus. Drei Leute litten unter einem reizbaren Magen. Ihr Gesichtsausdruck war düster verhangen.

Die ehemalige Leiterin des Kulturhauses nahm sich eine russische Zeitung vor.

"Was steht denn da?" Waldvogel war neugierig. "Dort stehen die Fütterungszeiten der Raubtiere im Moskauer Zoo." Sie erzählte, dass sie davon lebte, Hundebüsten anzufertigen. Hunde seien ihr ganzer Lebensinhalt. Hinter Waldvogel versuchte jemand seinem Nachbarn die Vorzüge der Verwaltung zu erklären.

"Verwaltung ist notwendig. Wie sollten wir sonst leben? Wie könnten wir überhaupt überleben? Jeder Mensch muss aufgeschrieben werden, denn sonst wüsste man ja gar nicht, dass es ihm gibt. Alles muss verwaltet und registriert werden."

"Mich gibt es in Wirklichkeit gar nicht. Das habe ich amtlich", sagte der Angesprochene.

"Das finde ich hochinteressant!" rief sein Nachbar. Waldvogel schlief ein. Er erwachte erst, als ein Gemurmel der Fahrgäste immer lauter wurde.

"Sie haben aber lange geschlafen", sagte seine Nachbarin. Es war inzwischen sehr warm geworden.

"Sind wir hier nicht falsch?" Waldvogel war irritiert, als er eine Landschaft mit waldbedeckten Hügeln und Seen sah, die ihm völlig unbekannt war. Die Stadt hatten sie offenbar verlassen.

"Stimmt, der Busfahrer hat die Abfahrt verpasst. Er hat sich schon entschuldigt."

"Aber - wir sind doch schon auf der Autobahn!"

"Ich bin noch nicht so lange Busfahrer, eigentlich bin ich Kranführer. Ich habe gerade eine Fortbildung zum Busfahrer hinter mir, müssen Sie wissen. Sie brauchen auch nicht mehr zu bezahlen," sagte dieser.

"Aus Ihnen wird nie ein richtiger Busfahrer", meinte Waldvogel enttäuscht.

"Ach, er ist ja noch jung. Sie dürfen es nicht so pessimistisch sehen", meinte Olga W.

Eine Stunde später befanden Sie sich auf einer erschreckend holprigen Straße. "Wir müssen aufpassen, dass wir auf der Straße bleiben. Vielleicht sollten wir einen neuen Busfahrer wählen," sagte Waldvogel zu den anderen Fahrgästen.

Dieser Vorschlag wurde angenommen. Der bisherige Busfahrer durfte sich ausruhen. Jeder der Fahrgäste sollte nun abwechselnd eine Stunde den Bus lenken. Der Busfahrer erklärte die wichtigsten Begriffe, wie man einen Bus lenkt. "Die Bremsleistung hängt von der Geschwindigkeit ab", sagte er. "Das muss unbedingt beachtet werden."

"Vielleicht kennt jemand einige Lieder oder kann etwas Lustiges erzählen", fragte die Lehrerin Julia Kribs.

Der Tischlermeister Stanzer meldete sich. Er erzählte, was er in seinem letzten Urlaub erlebt hatte. Der Urlaub begann in Marokko. Am ersten Tag versuchte er Tennis zu spielen, stürzte schon nach dem zwei- ten Aufschlag und brach sich das Hüftgelenk. Er musste vom Hotel ins nächste Krankenhaus ziehen. Sehr unbequem dort. Seine Hüfte wurde durch schwere Sandsäcke gestützt. Viel Sand, wenig Wasser. Schwierig war auch, dass er die Sprache nicht verstand. Dann der Flug nach Düsseldorf mit Arzt und Pfleger. Weiterfahrt nach Berlin mit zwei Pflegern. Operation, anschließend Kuraufenthalt mit angenehmen Moorbädern. Doch, er habe schon eine Menge erlebt im Urlaub. Und die Moorbäder könne er empfehlen. Er fühlte sich so schön entspannt danach. Das ganze hat über fünfzigtausend Mark gekostet. Aber, das musste er nicht bezahlen, denn er hatte eine Reisekrankenversicherung. Er schloss seinen Bericht mit der Frage: "Hat eigentlich jemand von Ihnen eine Reisekrankenversicherung?"

Niemand meldete sich. Das war auch nicht verwunderlich. Die meisten Fahrgäste wollten ja nur ungefähr fünf bis zehn Haltestellen mit dem Bus fahren. Die Zahl der Fahrgäste, deren Gesichtsausdruck düster verhangen war, erhöhte sich.

Waldvogel - der nun am Steuer saß - kurbelte das Fenster runter. Er sprach einige Leute an, um zu fragen, wo sie sich befanden, konnte deren Antwort jedoch nicht verstehen. Die angesprochenen Leute trugen lange Gewänder und zogen Kamele hinter sich her, denn inzwischen fuhren sie auf einer staubigen Wüstenstraße.

Jemand las aus einem Reiseprospekt vor: "Wenn Ihnen eine Situation mulmig erscheint, rennen Sie! Wenn die Räuber ein Messer oder eine Pistole zücken, geben Sie alles, was sie möchten. Ein Lächeln hilf dabei oft, die Situation zu entschärfen. Und wenn Sie wirklich überfallen worden sind, versuchen Sie, es als einen Lebensumstand in dieser Gegend zu akzeptieren." Das Stöhnen von den Fahrgästen mit dem reizbaren Magen wurde lauter. Dann erzählte Waldvogel, als er am Steuer abgelöst wurde, auf sehr spannende Art, wie er eine bisher unbekannte gefährliche Spinnenart entdeckt hatte. Die schwarzroten Spinnen waren etwa neun Zentimeter groß - Waldvogel deutete mit seiner rechten Hand etwa neun Zentimeter an - hatten kräftige Kiefer und sahen nicht ungefährlich aus. Ob die entdeckten Spinnen schon ausgewachsen waren, konnte er nicht sagen. Vielleicht wurden sie noch größer. Er sei noch einmal mit dem Schrecken davon gekommen. Ein Aufatmen ging durch die Reihen des Busses.

Es wurde ein kurzweiliger Abend. Bis jemand im Kurzwellensender des Radios aktuelle Nachrichten fand: "Die Suche nach einem angeblich verschwundenen Linienbus ist aufgegeben worden. Niemand hat eine Vermisstenanzeige aufgegeben."

"Ich möchte mich vorstellen. Ich heiße Julia Kribs und bin Lehrerin an der Waldgrundschule. Vielleicht sollte sich nachher jeder einmal vorstellen. Zunächst singen wir ein Lied. Das lockert ungemein auf. Danach machen wir einige

Streckübungen, denn wir haben ja eine lange Fahrt hinter uns."

Julia Kribs lächelte unaufhaltsam. Sie hatte sich ihren Pullover ausgezogen. Es war sehr warm geworden. Sie trug ein ärmelloses T-Shirt mit der Aufschrift *Think positiv.*

"Wir drehen mit der fixierten Hand einige Male nach rechts", sagte sie, nachdem sie zwei Lieder gesungen hatten. "Was spüren Sie jetzt?"

Anschließend sagte Julia Kribs zu Waldvogel: "Sie haben ja zwei verschiedene Socken an."

Einige Monate später soll Waldvogel Julia Kribs in einer kleinen Wüstenstadt geheiratet haben. Mehr ist mir nicht bekannt.

Eine neue Elchart

Es geschah zunächst ganz allmählich. Falkenberg nahm in den ersten Tagen die Veränderung kaum wahr. Das wird schon wieder verschwinden, sagte er sich. Seine Frau war jedoch besorgt. "Du solltest doch mal zum Arzt gehen", sagte sie. Die Ausbuchtungen an den Ohren waren nicht mehr zu übersehen. Aber es hatte auch Vorteile. So lenkten diese eigenartigen Stellen am Kopf den Blick von seinem immer größer werdenden Bauch ab. Er trug jetzt nur noch große Hüte. Die Kollegen waren zwar irritiert, aber mit der Bemerkung: "Den hat mir meine Frau geschenkt." nahmen sie es hin. Und es war ein schöner Hut, eine Mischung aus einem riesigen Panama- und Cowboyhut. Falkenberg war Büroleiter in einer Fabrik für Rasenmäher und Kettensägen. Seine Mitarbeiter waren der Meinung, dass die Abteilung eigentlich besser ohne ihn lief, denn seine Anwesenheit brachte immer eine gewisse Unruhe in den Betrieb. Sie sagten dies aber nicht offen. Diesmal war seine Unruhe stärker als sonst. "Du solltest mal ausspannen", sagten sie, denn irgend etwas stimmte nicht mit ihm. Das sah man ihm an. Er nahm sich vor, in den nächsten Tagen zu Hause zu bleiben.

Sein Arzt meinte nach einer kurzen Untersuchung: "Ja, das ist ja wirklich erstaunlich, Ihnen wächst ein Geweih. Aber, Sie sind kein Einzelfall..." Falkenberg unterbrach ihn: "Entschuldigung, wissen Sie, was ich verstanden habe? Ich habe *Geweih* verstanden. Das ist doch witzig!"

"Stimmt, ich habe tatsächlich Geweih gesagt. Sie wissen doch sicher, wie ein Hirschgeweih aussieht. So ähnlich wird auch Ihr Geweih in einigen Wochen aussehen."

"Aber", mehr brachte Falkenberg in diesem Moment nicht heraus.

"Das kann genetisch bedingt sein. Wissen Sie, ob Ihre Eltern oder Großeltern ein Geweih hatten?" Der Arzt befühlte noch einmal den Geweihansatz.

Falkenberg überlegte: "Nein, ich glaube nicht."

"Hatten Sie in letzter Zeit Stress?"

"Nicht mehr als sonst."

"Was stellt eigentlich Ihr Betrieb her? Wie sind Ihre Essgewohnheiten? Haben Sie Schmerzen?"

"Es juckt ein wenig."

"Das ist normal. Ich verschreibe Ihnen eine Salbe."

"So ein Geweih verschwindet doch wieder?" Falkenberg hoffte, dass der Arzt dies eindeutig bejahte.

"Schwer zu sagen, vorläufig müssen Sie aber damit rechnen, dass es weiter wächst. Ihre Oberlippe hat sich auch verändert. Sie hängt jetzt ein wenig über. Sie müssen mit einem großen, schaufelförmigem Geweih rechnen. Dann werden Sie zur Gruppe der Elche gehören. Elche gibt es hier ganz selten. Sie sollten es positiv sehen. So ein Geweih hat nicht jeder." Und nach einer Pause sagte der Arzt: "Soll ich Sie krankschreiben? Sie sollten ein Paar Tage entspannen."

Am nächsten Tag wollte Falkenberg mit dem Betriebsleiter über seine Veränderungen sprechen.

"Da müssen Sie noch ein wenig warten", meinte die Sekretärin. Herr Gerstbein vertritt sich gerade die Beine." Sie deutete auf den Park vor dem Fenster.

Falkenberg erblickte einen Elch, der auf einer Parkbank saß und in ein Buch vertieft war.

"Was liest eigentlich der Chef?"

"Über die Geschichte der Elche in Mittel- und Nordeuropa, haben wir ihm zum Geburtstag geschenkt."

"Sie haben aber einen schönen Hut", sagte die Sekretärin zum Abschied.

Falkenberg wusste am nächsten Tag nicht mehr, ob er das alles geträumt hatte oder ob er das wirklich erlebt hatte. Schon eine Woche später war das Geweih voll ausgewachsen. Er konnte nicht mehr daran denken, zur Arbeit zu gehen. Als ein Kollege vor der Tür stand, musste ihn seine Frau mit den Worten: "Er hat strenge Bettruhe" fortschicken. Der Kollege - der übrigens einen großen gelben Hut trug - schien besorgt zu sein und versprach wiederzukommen. Er hinterließ die Adresse eines staatlich anerkannten Elchberaters. "In der ersten Zeit kann es Probleme geben", meinte er.

Falkenberg verglich Bilder von Elchgeweihen mit seinem Geweih und musste feststellen, dass der Arzt Recht hatte. Dies war ein Elchgeweih.

Seine Frau schlief von nun an in einem eigenen Zimmer. Sie störte der eigenartige Geruch, der von ihrem Mann ausging. Diesen Geruch kannte sie von gelegentlichen Zoobesuchen.

Am Abend trank Falckenberg nach wie vor zwei Liter Bier und saß vor dem Fernseher. Am liebsten sah er Tiersendungen.

Eine junge Elchforscherin brachte Abwechslung in sein Leben. Sie wollte über neuartige Elcharten in mitteleuropäischen Großstädten promovieren. Die Elchforscherin riet Falkenberg sich einen Bart wachsen zu lassen. "Das tragen Elche tragen so. Ich mag übrigens Ihren Duft", sagte sie und rückte ganz dicht an ihn heran.

Falkenberg äußerte ein klingendes, wieherndes Gemurmel mit lebhafte Mimik. Dazu bewegte er die inzwischen länger gewordenen Ohren ausführlich. Die Elchforscherin machte sich unermüdlich Notizen. Diese Ohrbewegungen waren typisch für Elche.

Unerklärlicherweise gab es immer mehr Menschen, denen ein Geweih wuchs. Die Betroffenen trugen Hüte, die sich der Form des Geweihes anpassten. So kam es, dass plötzlich eine große Anzahl Hut- und Mützengeschäfte in der Stadt eröffneten.

Wie ich zu meinen Dampfturbosaugern kam

Ich kaufe eigentlich nie etwas, was ich nicht brauche. Nur einmal. Plötzlich stand er vor mir. "Ich verkaufe Dampfturbosauger," erzählte er. "Ich bin ein staatlich geprüfter Dampfturbosaugexperte" Er zeigte mir seinen Ausweis und die notariell beglaubigten Erfahrungsberichte der Kunden. Schluss mit tränenden Augen, Atemnot, Kreislauf- zusammenbrüchen. Mit achtfach beweglichem Scherkopf, automatischer Spannungs- anpassung, las ich in dem Prospekt.

"Ich darf es eigentlich nicht erzählen, ich bin nicht von hier. Ich komme vom Sirius. Ich muss nur noch fünf Dampfturbosauger verkaufen. Dann kann ich endlich zurück in meine Heimat." Tränen bildeten sich in seinen Augen.

"Sehen Sie: drei Geschwindigkeitsstufen, mit Luftblasentechnologie und kratzfestem Gehäuse, bruchfest, mit einstellbarer Inkubationskernzeit."

"Ja, das ist sicher nützlich," meinte ich.

"Sehen Sie dort hinten, das Raumschiff?" Das sah ich deutlich. Ich nahm die fünf Dampfturbosauger. Darauf stieg er in das Raumschiff und schwebte davon. Dann fiel mir plötzlich ein, wie es wohl mit den Garantieansprüchen stünde.

Die Veränderung

1. Mai
Auf einem Schild im Zoo lese ich: "Tiere günstig abzugeben." Ich bin neugierig.
"Wir müssen sparen", meint der Zoowärter. "Einige Tiere geben wir deshalb gerne ab. Schön, dass Sie sich dafür interessieren."
So ein Eisbär ist kräftig genug, um mir im Garten zu helfen. Für ein Krokodil wäre das nichts. Es ist ein kleiner Eisbär, etwa in meiner Größe für den ich mich entscheide. "Ein ruhiges Tier", sagt der Wärter.
Der Eisbär bekommt eine Pudelmütze und eine Sonnenbrille aufgesetzt. Dann legt der Tierwärter noch einen langen blauen Mantel bereit. Das finde ich sehr merkwürdig. "Sonst würden ihn die Leute auf der Straße erkennen und einen Schreck bekommen", erklärt der Wärter.

8. Mai
Ferdinand lernt schnell. In kurzer Zeit kann er den Garten umgraben. Er ist mir wirklich eine Hilfe.

22. Mai
Ferdinand liest zum ersten Mal Zeitung.

17. Juni

Ferdinand liest immer häufiger die Zeitung, eigentlich liest er alles, was er in die Pfoten bekommt. "Drücken Sie die Taste X34, um Laufwerk 2 zu wählen. Legen Sie die unbespielte Kassette ein und schlagen dann Seite 36 nach." Diese Sätze kann er schon gut sprechen.

27. September

Mich stört, dass er ständig die Heizung andreht. Eisbären müssen doch Kälte gewöhnt sein.

2. Oktober

Immer öfter sitzt er auch vor dem Fernseher. Ich sage ihm, dass wieder einmal Gartenarbeit nötig sei.

"Ich denke mal, an dieser Stelle ist ein Lernprozess bei dir notwendig", erwiderte er. Diesen Satz kennt er aus einer politischen Sendung vom Vortag. Ferdinand wird plötzlich frech.

"Lernprozess? Weißt du überhaupt, was du da redest?" rufe ich.

"Das ist Tierquälerei, wenn ich im Garten arbeiten soll", sagt er. "Das hab ich gelesen."

Ich bin betroffen. Das habe ich noch gar nicht überlegt. Vielleicht hat er ja Recht. Schließlich bearbeitet er meine Post und ich arbeitete im Garten.

3. Oktober

Ferdinand verlangt nach einem Pullover. Tatsächlich ist es kälter geworden, aber ein Eisbär mit Pullover? "Wieso Pullover? Ein Eisbär trägt keinen Pullover", sage ich zu ihm. Ich sehe ihn an und bemerkte, dass sein Pelz dünner geworden war. Ich gebe ihm Pullover und Hosen. Irgend etwas stimmt mit ihm nicht.

2. Dezember

Habe die alten Aufzeichnungen durchgesehen, verstehe gar nicht, was ich da geschrieben habe. Habe nur noch Futter im Kopf. Ferdinand scheint besorgt.

15. Januar

Der Postbote macht sich eilig davon, als ich die Tür öffne. Ihn hat wohl irritiert, dass ich in seiner Tasche nach Futter schnüffle.

28. Januar

Ferdinand kugelt sich vor Lachen, als er mich am Morgen sieht. "Du musst dich mal im Spiegel sehen." Ich weiß nicht, was er damit meint. Mein Fell sieht doch super aus.

Dynamik

Mit auffällig großen Schritten brachte Fuchs das Gepäck ins Haus. Dann schnallte er mit wenigen Handgriffen zwei offenbar nagelneue Mountenbikes vom Dach seines Geländewagens ab. Ich konnte diesen Vorgang mit meinen Augen kaum mitverfolgen, so schnell ging es. In seiner ganzen Erscheinung lag Dynamik. Das machte mich neugierig.

Der nächste Tag war ein Sonntag. Am Vormittag verließ er zusammen mit seiner Frau das Ferienhaus; sie schick gekleidet in einem marineblauen Kostüm, er steckte in einem dunkelblauen Blazer und schwarzer Hose. Die Krawatte war unauffällig, soweit ich es erkennen konnte. Ich vermutete, dass sie einen Kirchenbesuch planten. Zwei Stunden später kamen sie wieder.

"Ja, tatsächlich, wir waren in der Kirche. Man muss ja gesehen werden", erzählte er mir, als sie zurückkehrt waren.

Mittags gingen sie - inzwischen umgezogen - mit Gummistiefeln in der Hand zum Auto. Sie wollten zum Strand. Der war an dieser Stelle hundert Meter entfernt. Mit dem Auto war man dort noch schneller, als zu Fuß.

Sie sparten auf diese Weise eine Menge Zeit. Wenn man es zusammenrechnet, kommt eine hübsche Summe zusammen, überlegte ich.

In seinem Auto hing eine kleine grüne Pappe in der Form eines Baums am Rückspiegel, mit der

Aufschrift *Wunderbaum Pfirsich.* Sechs Wochen lang sollte der Duft halten. Das gab es in der nächsten Tankstelle zu kaufen.

Um 14 Uhr sah ich ihn versunken auf einer Bank sitzen. "Was ist los?" fragte ich. Er sah bekümmert aus. "Ich mache mir Gedanken über das Leben. Schlimm, dass wir alle sterben müssen, sagte er. Das mache ich immer um diese Zeit, aber nicht mehr als zehn Minuten am Tag. Das reicht."

"Sie haben einen ungewöhnlich schwungvollen, dynamischen Gang. Das sieht man selten in dieser Gegend", meinte ich.

"Ich trage Einlegesohlen. Dadurch hat man eine stärkere Bodenhaftung und erhält deutlich mehr Schwung, sollten Sie auch probieren."

Er erzählte mir, dass er gerade wieder eine Wahl gewonnen hatte und als Politiker nicht unbekannt sei. Ich erinnerte mich. Vor einigen Jahren hatte Fuchs vor laufender Kamera verseuchtes Grundwasser getrunken. Er bestritt, dass das Wasser verseucht war. Es sei völlig ungefährlich, behauptete er und trank ein ganzes Glas leer. Das war sehr überzeugend und er wurde als Abgeordneter gewählt.

"Wie haben Sie es damals fertiggebracht, das Glas Wasser zu trinken? Dazu gehört wirklich viel Mut", fragte ich.

"Ich bin sehr um meine Gesundheit besorgt. Natürlich habe ich wirklich nur ganz normales Leitungswasser getrunken. Dafür habe ich gesorgt."

Jetzt wolle er einfach nur ein Paar Tage die Natur erleben.

"Ja, Natur gibt es hier eine ganze Menge", sagte ich und blickte auf seine Uhr. Die Uhr wirkte mit ihren Verzierungen ein wenig altmodisch. Sie passte eigentlich nicht zu ihm.

"Eine hübsche Uhr haben Sie da", sagte ich.

"Ein Erbstück, hab ich von meinem Vater. Er bekommt jetzt nicht mehr viel mit, seitdem er im Pflegeheim liegt. Da hab ich ihm vorsichtshalber die Uhr abgenommen. Sie könnte ja abhanden kommen. Außerdem ist Zeit für ihn nicht mehr so wichtig."

Am Montag Morgen bestieg er sein Auto, um Brötchen zu besorgen. Brötchen kann man in einem Laden ganz in der Nähe kaufen. Er musste mit dem Auto einen Umweg in Kauf nehmen, war aber schneller dort. Schon am frühen Morgen hatte er eine wichtige Entscheidung getroffen, um Zeit zu sparen.

"Ich habe genau 12 Stunden und 28 Minuten Zeit für meine Frau. Da kommt es auf jede Minute an", rief er mir zu.

Er fuhr mit einem Schwung los, dass die Reifen vor Schmerz aufheulten.

Drei Stunden später fuhr er zu einem wichtigen Interviewtermin.

Ich hatte Zweifel, dass er sein Ziel erreichen würde, denn es herrschte dichter Nebel. Zwei Tage später lasen wir in der Zeitung, dass eine Polizeistreife Fuchs etwa achtzig Kilometer entfernt aufgespürt hatte. Orientierungslos hatte er sich auf einem Acker festgefahren.

Er war völlig entkräftet und musste ins Krankenhaus eingeliefert werden, wo er kurzer Zeit darauf starb.

"Das ist wirklich erschütternd", meinte ich zu seiner Frau, die ich in einem schwarzen Kostüm antraf, "bestimmt ein schwerer Schicksalsschlag für Sie."

"Ehrlich gesagt, ein wenig habe ich damit gerechnet. Damals, die Sache mit dem Glas Wasser, das kann ich Ihnen ja jetzt erzählen. Ich habe dafür gesorgt, dass er tatsächlich das verseuchte Glas Wasser getrunken hat. Das darf man eigentlich nicht tun, ich weiß."

Sie konnte den Tod ihres Mannes schnell überwinden.

Der Aufpasser

Kernlos war der Aufpasser. Aufpassen konnte er immer schon gut. Früher musste er auf seine Schwester aufpassen. Sie ist später Obergerichtsvollzieherin geworden.

Ein zu schöner sonniger Tag mit blühenden Wiesen. Was mache ich hier überhaupt? Kernlos überlegte. Er stand in kurzen Hosen mitten auf einem Fußballfeld, um ihn herum ungefähr 20 Männer, die ziellos hin und her liefen. Ein Ball war nicht zu sehen. Gab es ihn überhaupt? Er lutschte auf einer Trillerpfeife, hatte gelbe und rote Karten in der Tasche. Kernlos verstand nicht, was das Ganze überhaupt sollte. Seit fünf Jahren in der Kreisliga. Fußball, gab es etwas langweiligeres? Der Duft von Blumen und Gräsern. Etwa Hundert Meter entfernt sah er ein riesiges gelbblaues Ei oder so etwas ähnliches. Man muss eine angefangene Sache zu Ende bringen. Das Spiel dauert doch nur noch eine Stunde. Dann wieder der Duft, es war ein Duft, den er schon als Kind kannte, ein süßlicher Duft. Aber woher kam er? Der Duft strömte unaufhaltsam in seine Nase. Und die Forsythien! Ein einmotoriges Flugzeug kreiste in geringer Höhe über den Platz.

Das war doch ein Heißluftballon, der jetzt offenbar startbereit war! Es musste sein. Kernlos verließ eilig, ohne ein Wort zu sagen den Sportplatz, griff seine Tasche und bestieg den Heißluftballon gerade noch rechtzeitig, bevor dieser abhob. Der Pilot war zwar überrascht, hatte aber Verständnis für seinen Fahrgast. Kernlos sah noch, dass ein Torwart heftig gestikulierend hinter dem aufsteigenden Ballon her lief und irgend etwas rief. Es könnte ein Tor gefallen sein, vermutete Kernlos und winkte zurück. Ganz allmählich wurde der Fußballspieler kleiner. Auch das Fußballfeld wurde kleiner, bis es ganz verschwand.

Der Trickbetrüger

Als es gestern abend gegen neun Uhr an der Wohnungstür klingelte, öffnete ich nicht gleich, sondern fragte, wer da sei. Jemand sagte: "Der Postbote." Also öffnete ich. Ein Löwe mittlerer Größe stand vor mir. Er hatte einen kleinen Beutel um den Hals gebunden. "Ich muss mich entschuldigen, es ist schon recht spät." Nach einer kurzen Pause sagte er: "Ist etwas an mir? Sie starren mich so komisch an." Tatsächlich war ich irritiert.

"Sie sind doch gar nicht der Postbote", rief ich.

"Stimmt, aber um diese Zeit haben Sie doch wohl nicht den Postboten erwartet", sagte der Löwe.

"Was kann ich für Sie tun?" fragte ich.

"Ich sammle für unschuldig in Not geratene Tierpfleger", sagte er. Dann nannte er einige erschütternde Beispiele aus dem Leben einiger Tierpfleger.

"Ja, die Tierpfleger sind übel dran", meinte ich und suchte nach einem Fünfmarkstück.

"Das ist sehr nett von Ihnen. Aber es kann ruhig etwas mehr sein."

Erst später als sich der Löwe schon dankend verabschiedet hatte, fiel mir ein, dass Löwen ja gar nicht sprechen können. Jedenfalls hatte ich so etwas noch nie gehört. So geht es mir häufig. Das Entscheidende fällt mir immer zu spät ein. Aber warum sollten sich Tiere nicht auch weiter entwickeln?

Dann nahm ich mir die Zeitung vor. Es wurde vor einem betrügerischen Löwen gewarnt, der angeblich für in Not geratene Tierpfleger sammelt. In Wirklichkeit benutzt er das Geld für sich selbst.

Ein Löwe unterwegs

Ich war auf dem Weg durch ein kleines Wald-stück. Als ich auf die Straße gelangte, fuhr ein großer Lastwagen langsam an mir vorbei und hielt dann vor mir rechts an. Der Fahrer trug eine Kapitänsmütze. Das konnte ich erkennen, als er aus dem linken Seitenfenster blickte. Er meinte, dass dies eine wirklich schöne Gegend sei. Früher sei er hier auch viel gelaufen. Dann sagte er noch etwas, was mich beunruhigte: "Seien Sie vorsichtig. Hier ist ein Löwe unter-wegs."

"Woher wollen Sie denn das wissen?" fragte ich. Man muss ja nicht alles glauben.

"Ich hab ihn doch selbst freigelassen. Im Zoo gibt es inzwischen zu viele Löwen. Wir müssen sparen. Der Zoo muss gesund schrumpfen. Das haben Sie vielleicht in der Zeitung gelesen." Auf dem grünen Lastwagen stand Löwentransport. Das fiel mir erst jetzt auf. Ursprünglich stand dort aber Tigertransport. Das Wort Tiger war durchgestrichen.

"Ja, aber so ein Löwe kann doch gefährlich wer-den", rief ich.

"Es ist ja zunächst nur ein Versuch. Wir wissen ja gar nicht, ob sich der Löwe hier in diesem Wald zurechtfindet. Ich überlasse Ihnen ein Buch, kostet nur 18 €. Das ist die Biographie unseres Löwen, den ich gerade freigelassen habe, mit 21 Farbfotos. *Der Löwe Egon, sein Leben, seine Frauen.* Es ist das letzte Exemplar, gerade heute war die Nachfrage nach dem Buch recht groß." Das erstaunte mich nicht.

"Danke", sagte ich.

"Ja, und alles Gute", meinte er, "Entschuldigung, ich habe jetzt Feierabend." Dann fuhr er los. Ich fand es eine nette Geste, dass er mir von dem Löwen überhaupt erzählt hatte. Da sollte ich ihm keine Vorwürfe machen. Aber, was mache ich, wenn mir der Löwe entgegenkommt? Ich blickte in das Buch, überflog die Geschichte seiner Kindheit, übersprang das Kapitel, das sich mit seinen Liebschaften befasste, fand dann endlich den Hinweis, den ich suchte.

Wenn unser Löwe Egon plötzlich vor Ihnen steht, bleiben Sie ruhig, denn Weglaufen hat sich bisher nicht bewährt. Der Löwe Egon ist sicher nicht der schnellste Löwe, aber vermutlich doch schneller als Sie es sind. Er kann recht gut springen, immerhin bis zu 11,3 Meter weit. Deshalb sollte man einen Sicherheitsabstand von mindestens 12 Meter einhalten, besser wäre natürlich ein größerer Abstand. Vermeiden Sie zusammengekniffene Lippen, gefletschte Zähne und nach unten gezogene Mundwinkel. Lächeln Sie einfach!

An diese Regeln habe ich mich gehalten, sonst hätte ich dies ja gar nicht aufschreiben können.

Als Rotkäppchen erwachsen war

Als Rotkäppchen erwachsen war, wurde es Sozialarbeiterin. Es half verirrten Wölfen wieder in den Wald zurückzufinden.

"Nun steig schon ein", meinte Rotkäppchen. Der Wolf stand ganz alleine am Straßenrand.

"Aber ich will dir keine Umstände machen", meinte der Wolf, stieg schließlich doch in das rote Auto mit der Aufschrift *Wolfsnotdienst*.

"Das macht mir wirklich nichts aus", sagte Rotkäppchen. "Ich bringe dich gerne zurück in den Wald. Wir machen noch einen kleinen Abstecher zu mir nach Hause und trinken einen Kaffee."

"Aber um diese Zeit trinke ich gar keinen Kaffee."

"Du kannst auch etwas anderes bekommen."

"Mache ich dir wirklich keine Umstände?" fragte der Wolf.

"Nein, wirklich nicht", sagte Rotkäppchen und streichelte dem Wolf liebevoll seinen Kopf. "Ich finde dich süß."

"Du bist ja wirklich nett", meinte der Wolf.

"Trinkst du auch Rotwein?" fragte Rotkäppchen.

"Ja manchmal, aber viel vertrage ich nicht." Der Wolf wurde verlegen. "Tut mir leid, das mit deiner Großmutter damals. Aber ich hatte so einen großen Hunger."

"Das kann ja mal passieren", sagte Rotkäppchen. "Am Sonntag will ich übrigens meine Großmutter besuchen, kommst du mit? Es gibt Jägerschnitzel."

Der große Regen

Eines Tages klingelte es an der Tür. Ein junger sportlicher Polizist fragte nach meinem Schwimmzeugnis. Er trug Gummistiefel, die eine kleine Pfütze hinterließen.

"Nein, schwimmen kann ich leider nicht."

"Dann wird es aber Zeit zumindest einen Grundkurs zu belegen. Verfolgen Sie denn nicht die Nachrichten?" meinte er vorwurfsvoll. Er gab mir einen Gutschein, denn er war von der Wasserschutzpolizei. Es wurden ausführliche Niederschläge erwartet. Im Fernsehen wurde berichtet, dass es bei uns zu Überschwemmungen kommen könne. Zu Übungszwecken wurden einige Straßen überschwemmt. Einige Tage später die ersten dunklen Wolken. In den Nachrichten wurde dies bestätigt. Dann fing es endlich an zu regnen und hörte nicht wieder auf.

Ich blickte aus dem Fenster und konnte nur Boote erkennen, ein ungewohnter Anblick. Autos waren - selbst mit Ferngläsern - nicht mehr zu sehen. Eines morgens entdeckte ich meine Post auf dem Balkon. Das Erdgeschoss mit den Briefkästen war schon unter Wasser. Wir alle hatten die Überzeugung, dass das Wasser einen wichtigen Beitrag zum wirtschaftlichen Aufschwung darstellt. Der Postbote berichtete, dass es inzwischen Babys gab, die mit Flossen geboren wurden. Diese Kinder hätten es später einfacher. Seebestattungen wurden günstiger. Viele Arbeitslose hätten die einmalige Chance sich als Seebestatter selbständig zu machen.

"Wie gehe ich mit den Belastungen des Alltags um?" So lautete das Thema in der Talkrunde.

Vorsichtshalber packten wir unsere Sachen und nahmen noch an einem Tauchkursus teil. Für mich war es zu spät, um aus mir einen begeisterten Taucher zu machen, denn richtig schwimmen konnte ich immer noch nicht. Eigentlich bin ich eher wasserscheu. Nachbarn hatten sich die Füße zu Flossen umoperiert. Diese Anpassungsfähigkeit fand ich bewundernswert. *Das Leben unter Wasser* war eine besonders beliebte Sendung. Die höchsten Einschaltquoten erzielten regelmäßig Liveübertragungen von Unterwassergeburten.

Die Vorteile von Wasserstraßen lagen auf der Hand. Das wurde in aller Ausführlichkeit im Fernsehen gezeigt. Die Schiffe mussten sich nicht wie die Autos in engen Straßen bewegen. Auf Fußgänger und Radfahrer brauchte keiner mehr Rücksicht zu nehmen, eine Zeitersparnis. Ehemalige Autofahrer fuhren mit ihren Motorbooten jetzt kreuz und quer über die überschwemmten Straßen. Die meisten von ihnen hatten kein festes Ziel. Von den Automobilclubs wurde der Regen begrüßt. Im Fernsehen lief gestern die sieben- hundertachtzigste Folge der Serie: *Der große Regen.* Im Mittelpunkt steht die Familie Nemo, die mit einem Schlauchboot auf die Weltmeere hinausrudert. Dort geht es sehr lustig zu.

Das Vergehen

Eine Pistole wurde langsam auf Fis gerichtet.

- Angeklagter, Sie werden beschuldigt, fälschlicher weise ein *A* statt ein *As* gesungen zu haben. Was haben Sie zur Ihrer Verteidigung zu sagen?

- Ich wollte das As singen, aber leider fühlte es sich nicht wohl.

- Können Sie das beweisen?

- Nein, leider nicht, sagte er.

Fis war also als Falschsänger entlarvt worden. Er hatte es kommen sehen. Und so sollte er erschossen werden. Es war die normale Strafe für ein derartiges Vergehen.

Fis hatte Glück. Er wachte in dem Moment auf, als die Pistole entsichert an seine Schläfe angelegt wurde. Schweißgebadet war er jetzt.

Solche Träume hatte er in letzter Zeit häufig. Und er war er dann immer wieder darüber verwundert, dass er unversehrt blieb.

Aber eines Morgens spürte er einen starken brennenden Schmerz in der linken Schulter. Es war nichts ernstes, nur ein Streifschuss.

Alle Vögel sind   schon da

Ich fahre mit Jan in den Spandauer Forst. Wir wollen heute die Wildschweine besuchen. Die werden an diesem Sonntag von den Spaziergängern mit rohem Spaghetti und Walnüssen gefüttert. Ich besitze zwar noch gute Zähne, aber bei ganzen Walnüssen versagen sie. Deshalb muss ich einen Nussknacker zu Hilfe nehmen. Spaghetti ziehe ich in gekochtem Zustand vor, aus geschmacklichen Gründen. Außer den Wildschweinen sehen wir noch mehrere Männer in mittleren Jahren, die mit ihren alten Müttern spazieren gehen, denn heute ist Muttertag. Ein alter Mann beschwert sich darüber, dass hier ein Baumstumpf herumsteht. Er wäre fast darüber gefallen.
"Ich wäre beinahe gestolpert," meint er ärgerlich.
Jan singt dazu *Alle Vögel sind schon da*. Es gibt hier tatsächlich eine Menge Vögel, stellen wir fest. Aber, sind wirklich alle Vögel da? Ich bin mir da nicht sicher.

Folgende Meldung steht im Medizinteil der Tageszeitung:

Ein Glücklicher Ausgang!

Am letzten Sonntag nachmittag, dem Muttertag, ging ein etwa vierzigjähriger Mann alleine, nur von seinem dreijährigen Sohn begleitet, in einen nahen Wald. Er beobachtete, wie ein älterer Mann beinahe über einen Baumstumpf gefallen wäre und sich möglicherweise einen gefährlichen Oberschenkelhalsbruch zugezogen hätte, verbunden mit einem langen Krankenhausaufenthalt und einer obligatorischen Lungenentzündung. Derartige Brüche sind im höheren Lebensalter nicht ungefährlich und führen nicht selten zum Tode. Der kleine Junge hatte den Ernst der Lage offenbar nicht begriffen. Er sang fröhlich immer wieder sämtliche Strophen des Liedes *Alle Vögel sind schon da*. Auch die Wildschweine und selbst der Vater des Jungen blieben von diesem Vorfall unbeeindruckt und sahen tatenlos zu.

Eine weitere Zeitungsmeldung:
EIN BESUCH BEI DEN WILDSCHWEINEN
Am Sonntag gegen 15.30 Uhr wäre der siebzig-
jährige Robert K. im Spandauer Forst beinahe
über einen Baumstumpf gefährlich gestürzt. Er
hatte Wildschweine in ihrem Gehege beobachtet
und dabei nicht bedacht, dass in einem Wald
Baumstümpfe herumstehen können. Er äußerte
sich darüber empört und wollte sich bei nächster
Gelegenheit beim Oberförster beschweren.

Eisenlöffel

Eisenlöffel begann den Tag damit, seine Gedanken zu ordnen. Das machte er immer morgens. Immer, wenn er Ordnung geschaffen hatte, erlebte er ein zutiefst befriedigendes Gefühl. Seine Nase begann dann rot aufzuleuchten, als er daran dachte, dass er jetzt optimal abgesichert war. Erst letzte Woche hatte er eine Zusatzversicherung gegen umstürzende Gerüste und herabfallende Dachziegel abgeschlossen.

"So etwas braucht man einfach in der heutigen Zeit," meinte der Versicherungsvertreter. "Blicken Sie doch einmal aus dem Fenster. Was sehen Sie? Dachziegel fliegen herum. Das ist ganz schön gefährlich."

Eisenlöffel blickte aus dem Fenster, konnte aber keine Dachziegel entdecken. Aber ganz ausgeschlossen war es ja nicht, dass irgendwo Dachziegel umherfliegen.

Wenn er 70 Jahre leben würde, so wären es 25567 Tage. 23 Jahre würde er davon schlafend und vier Jahre träumend verbringen. 2128 Tage würde er vor dem Fernseher sitzen.

Am diesem Morgen auf dem Weg zur Arbeit war er wie üblich in seine Gedanken vertieft. Diesen Tag würde er sicher auch irgendwie überstehen. In einunddreißig Jahren, neun Monaten und dreizehn Tagen würde er pensioniert werden.

Diesmal war er nicht, wie üblich um die Baustelle herumgegangen, sondern versehentlich quer durch das unwegsame Gelände. Irgendjemand rief: "Vorsicht!" Einige Sekunden später stürzte er in die Tiefe. Eisenlöffel konnte sich noch rechtzeitig an einem Eisenträger festhalten. Er schwebte ungefähr zwanzig Meter über den Abgrund. Diese Haltung war für ihn ungewohnt, ja sogar unbequem.

Es dauerte nicht lange und ein Fernsehteam war zur Stelle.

"Wir sind jetzt live auf Sendung. Können Sie uns kurz sagen, wie Sie sich jetzt fühlen. Moment, ich wische Ihnen noch den Schweiß von der Stirn. So, jetzt können Sie sprechen."

"Ach, ich kann nicht klagen. Es hätte noch schlimmer kommen können," sagte Eisenlöffel. Über seine Gefühle sprach er nicht gerne.

"Ich habe alles erreicht im Leben, bin Beamter auf Lebenszeit. Außerdem bin ich gut versichert."

"Wollen Sie noch jemanden grüßen?"

"Ja, meine Frau und meinen Versicherungsvertreter."

"Kann ich sonst Ihnen irgendwie helfen?"

"Nicht nötig." Er spürte, dass er sich am Eisenträger nicht mehr lange halten würde.

"Kopf hoch, es wird schon werden", rief der Reporter zum Abschied. "Mein Kollege erwartet Sie schon unten."

"Ich glaube, liebe Zuschauer, niemand von uns möchte in seiner Haut stecken."

Wo ist der   Flaschenöffner?

Gerade noch rechtzeitig zur Tagesschau erreichten wir unseren Schutzbunker.

"Und hier sind die Nachrichten: Weltweites Bedauern darüber, dass der letzte Atomversuch schief gegangen sei. Von verantwortlicher Seite wird allerdings betont, dass es sich schließlich ja nur um einen Versuch gehandelt habe. Es hätte noch schlimmer kommen können, meinen Experten übereinstimmend. Positiv ist vor allem, dass es noch Überlebende gegeben habe."

Ein Politiker meinte, dass jetzt Gelegenheit sei, endlich das Steuersystem zu vereinfachen. Bilder von draußen zeigten eine recht trostlose Gegend. Die Polizisten gingen ihren Geschäften nach, sie probierten neuartige Schlagstöcke aus. Man solle Verständnis für die Beamten aufbringen, meinte ein Kommentator. Schließlich wären sie in einer Stresssituation. Die Polizisten in ihren großen Schutzanzügen schienen sehr motiviert auf Plünderer einzuwirken.

Unsere Vorräte werden einige Jahre reichen. Danach wird es schwierig werden. Raus können wir jedenfalls nicht mehr.

"Eigentlich schade, aber wir haben ja den wir Fernseher," meinte meine Frau.

"Für genügend Zahnpasta hast du doch gesorgt?" fragte ich.

Ein Versicherungsexperte wurde im Fernsehen interviewt. Er bedauerte, aber für den Abschluss von Lebens- versicherungen sei es jetzt zu spät. Im Anschluss daran gab es Sondersendungen.

"Welche Pläne haben Sie jetzt, Herr Minister?"

"Wir leben in einer großen Umbruchzeit und müssen nun auf ein neues Menschenbild hinarbeiten", meinte der Politiker. Dabei seufzte er gedankenvoll, ja fast philosophisch. Das war man von ihm gar nicht gewohnt. Er schien nicht mehr ganz nüchtern zu sein. Der Wetterbericht war eine Wiederholung vom letzten Jahr um diese Zeit, da sah es noch schöner aus.

"Wo ist eigentlich der Flaschenöffner?" fragte ich.

"Ich glaube, den haben wir vergessen."

"Haben wir genug Wein?"

"Für unsere Zuschauer, die sich in die Schutzbunker retten konnten bringen wir nun ein Wunschkonzert. Viel Spaß!"

Die Ansagerin lachte schriller als sonst, fand ich. *O sole mio*. Das Lied kannte ich schon und ich schaltete auf ein anderes Programm. Dort ging es um Aufräumungsarbeiten.

"Ich hab` den Flaschenöffner gefunden," sagte ich.

Baggerfahren wurde als die letzte Herausforderung der Menschheit angesehen. Das abwechslungsreiche Programm wurde mit einem Film über die Geschichte des Baggers abgerundet.

Der erste Abend im Bunker. Diese unbeschreibliche Stille, mit Kerzen wurde es richtig gemütlich.

Wenn der letzte Baum vor Schwäche umfällt, wird das laufende Programm unterbrochen. Das versicherte uns die Moderatorin. Kamerateams standen schon in der Nähe verschiedener Bäume. Auch die Moderatorin hatte Kerzen auf dem Tisch stehen.

"Liebe Zuschauer," sagte sie, "aus aktuellem Anlass haben wir unser Programm geändert. Die Sendung *Unser Garten im Spiegel der Jahreszeiten* wird auf einen späteren Zeitpunkt verschoben. Morgen früh beginnen wir mit der 32-teiligen Serie: *Tipps zum Überleben auf engstem Raum.* Dabei geht es um das Überleben in unseren Schutzbunkern. Es ist ein neukonzipiertes Fernstudium. Die Abschlussprüfung ist Ihnen freigestellt. Sie können sich die Unterlagen in ihren Schutzbunker zufaxen lassen und in Ruhe durcharbeiten.

Und die letzte Meldung: Gerade eben haben wir erfahren, dass der Minister für Technologie, Umwelt- und Katastrophenschutz Deckelmann erfolgreich eingefroren worden ist. Über Einzelheiten dieses Gefrierverfahrens werden wir morgen berichten. Vielleicht wäre es auch etwas Sie, liebe Zuschauer. Gute Nacht!"

Beruhigt schliefen wir in dieser Nacht ein.

Im   Fundbüro

Mit einem runden länglichen Gegenstand in der Plastiktüte ging ein 64jähriger Rentner am Mittwoch Nachmittag bei herrlichem Sonnenschein ins nächstgelegene Fundbüro. Er hatte den Gegenstand in seinem Kleingarten gefunden, der in der Kolonie "Zum inneren Frieden" gehörte.

"Das habe ich in meinem Garten gefunden, beim Umgraben am letzten Sonntag", sagte der Mann zu dem Beamten.

"Das hat ja Ähnlichkeiten mit einer Bombe.

"Das kann schon sein. Das Ding ist leider ein wenig rostig."

"Schade eigentlich", meinte der Beamte.

"Meine Frau hat sich wirklich Mühe gegeben. Sie hat das Ding stundenlang poliert. Aber einige Roststellen sieht man immer noch."

"Ja, meine Frau putzt auch gerne. Die Bombe lege ich in das Fach mit dem Buchstaben B. Sehen Sie, hier hat alles seine Ordnung. Ich muss Ihnen sagen, dass es die erste Bombe ist, die hier abgegeben wurde. Dann kommen Sie vielleicht in die Zeitung. Wenn sie niemand innerhalb eines Jahres abholt, gehört Sie Ihnen. Sie werden dann angeschrieben.

"Und wie sieht es mit Finderlohn aus?" fragte der Mann.

"Sie können sich einen Regenschirm mitnehmen. Davon haben wir genug."

Reisemängel

Sicher war es erholsam, die Natur in der Wüste kennenzulernen. Wir werden die zweiunddreißig Ruinen nie vergessen, die wir besichtigt haben. In diesem Punkt hat sich die Reiseleitung wirklich Mühe gegeben.

Trotzdem, richtig aufregend war die ganze Reise nicht. Von einem prickelnden Abenteuerurlaub konnte nicht die Rede sein. Ein Paar gefährliche Situationen wurden uns aber schriftlich zugesichert!

Nicht einmal eine versuchte Entführung fand statt. Besonders meine Frau hatte sich darauf eingestellt, nachdem sie mit einer Nachbarin gesprochen hatte. Meine Frau hatte sich extra strapazierfähige Kleidung gekauft. Unsere Nachbarin wurde genau in diesem Gebiet entführt und fand die ganze Aktion faszinierend. Es sollen urwüchsige Männer gewesen sein, die auch zupacken konnten. Die Nachbarin schwärmt noch heute von den Erlebnissen, besonders von dem eigenartigen Geruch, der von den Entführern ausging.

So wie wir gehört haben, nahm die Reiseleitung sogar Verhandlungen mit potentiellen Entführern auf. Aus mir unerfindlichen Gründen hatten sie kein Interesse an uns.

Das kleine Feuergefecht gegen Ende unserer Reise war zwar gut gemeint - wir hatten übrigens an dem Abend eine sehr gute Sicht vom

Hotel aus - es konnte uns aber in keiner Weise entschädigen.

Wir fordern Sie hiermit auf, uns innerhalb der nächsten drei Wochen den Entführungszuschlag zurückzuzahlen!

Das aktive   Nachtprogramm

Fingerlos sah sich am späten Abend einen Kriminalfilm an. Ein junger Mann, der in einem dunkelblauen Nadelstreifenanzug im Stile der zwanziger Jahre steckte, eilte mit einem kleinen Karton über die Straße. Auf dem Karton stand das Wort Turbo. Wahrscheinlich hat er es eilig, vermutete Fingerlos.

Plötzlich sah er eine Pistole auf sich gerichtet.

"Hände hoch, Fingerlos!" Fingerlos, der kurz vor dem Einschlafen war, wurde durch diese Aktion wieder hellwach.

Das hätte ich ja nicht gedacht, dass jemand, der so gut gekleidet ist ihn mit einer Pistole bedrohte - aber es kann ja nichts passieren, meinte Fingerlos, es ist ja nur ein Film.

Der Mann im Nadelstreifenanzug wiederholte seine Worte in einem schärferen Ton und bat ihn, den Ernst seiner Lage zu erkennen.

Fingerlos war nun doch beunruhigt und warf sich blitzschnell zur Seite. Er hatte Glück. Der Schuss traf ihn nur ins Bein.

"Das hätte doch ins Auge gehen können!" rief Fingerlos ärgerlich.

"Entschuldigung, aber steht so im Drehbuch," sagte der Mann.

Fingerlos suchte einen Notarzt auf. Dort musste er sich in eine lange Schlange einreihen, denn heute abend gab es außergewöhnlich viele Patienten mit Schussverletzungen, auch Stichwunden waren vertreten.

Zum Schluss nahm Fingerlos an einer Verlosung teil und hatte Glück. Er gewann eine Vollnarkose im Werte von € 400,-.

Der gemeine Ohrwurm
(Otodraculmatodus)

Obwohl Ohrwürmer inzwischen eine weite Verbreitung gefunden haben, liegt die Erforschung dieser possierlichen Tierchen noch in den Anfängen.

Die Vorteile einer Ohrwurmhaltung liegen auf der Hand. Ohrwürmer sind klein, leicht zu pflegen und machen wenig Ärger. Immerhin zerkratzen sie ja keine Möbel wie Katzen. Sie knabbern auch nicht an Gardinen wie es bei Dackeln beliebt ist. Lautes Gebell ist von ihnen ebenfalls nicht zu erwarten. Außerdem sind sie völlig unschädlich.

Nach Auskunft des Mietervereins muss die Haltung von Ohrwürmern nicht dem Vermieter mitgeteilt werden. Hier gibt es Parallelen mit Holzwürmer.

Außerdem ist die Haltung dieser Tierchen ausgesprochen billig. Die Ernährung der Ohrwürmer ist ausgesprochen einseitig und für den Ohrwurmhalter bequem. Ohrwürmer ernähren sich von Melodien. Wo es keine Musik gibt, gibt es auch keine Ohrwürmer. Zum Verdauen der Melodien setzen sich die Ohrwürmer in die Gehörgänge des Halters. Hier können sie eine lange Zeit verbringen. Das wird von manchen als lästig empfunden. Trotzdem sollte man nicht dem Ohrwurm die Schuld geben. Wenn Ohrwürmer lästig werden, so liegt es nicht am Ohrwurm, sondern an der Musik, die er zu verdauen hat.

Die Lebenserwartung der Ohrwürmer ist sehr unterschiedlich. Sie hängt von der Beschaffenheit der Melodien ab und auch davon, ob sich die Ohrwürmer beim menschlichen Halter wohl fühlen.

Der Ohrwurm selbst kann nicht lesen. Interessant ist es deshalb, was bei den Kreuzungsversuchen zwischen Ohrwürmern und Bücherwürmern herauskommt.

Herausforderungen

Achillis hatte sich auf unberührte Natur spezialisiert, verkaufte unbewohnten Inseln an Groß-
städter und konnte sich einen Geländewagen
als Zweitauto mit über vier Liter Hubraum leis-
ten. Für diesen Wagen hatte er hart arbeiten
müssen. Am liebsten fuhr er mit ganz breiten
Reifen. Er fühlte sich bis zuletzt als Kämpfertyp,
wenn er durch den Feierabendverkehr fuhr. Im
Stau stehend, träumte er von der nächsten
Wüstenrallye. Ständig war er auf der Suche
nach Herausforderungen. Achillis hatte in der
Zeitung gelesen, dass auf der Strecke zwischen
zwei kleinen Ortschaften einige hundert Kilometer entfernt in letzter Zeit rätselhafte Unfälle passierten. Mitten in der Nacht fuhr ein junger Mann
gegen den einzigen Baum, der sich auf dieser
Strecke befand. Einige Tage später kam eine
ältere Frau von der Fahrbahn ab und über-
schlug sich auf ein frisch umgepflügtes Kartoffelfeld.
Schließlich verschwand ein ganzer Reisebus mit
Fahrgästen. Es wurde von renommierten Wis-
senschaftlern in Erwägung gezogen, dass sich
der Reisebus nun in der vierten Dimension, zwischen Raum und Zeit befinden könnte.
Das war die Herausforderung, die Achillis suchte. Er rüstete sich und seinen Wagen für jeden
möglichen Fall aus. Schneeketten für das Auto
und für sich eine Taucherausrüstung.

Eine Zeitlang passierte überhaupt nichts. Eine langweilige Landschaft zog an ihm vorbei. Plötzlich wurde der Wagen langsamer. Dann blieb er stehen. Nach einer kurzen Untersuchung stellte er schweißgebadet fest, dass der Tank leer war. Er spürte, dies war der entscheidende Moment in seinem Leben. Die vierte Dimension war zum Greifen nahe. Ein enttäuschend normal aussehender Opelfahrer half ihm mit Benzin aus.

"Sie sehen ja ziemlich blass aus", sagte der Opelfahrer.

Jetzt - nachdem er auch diese Bedrohung überstanden hatte - konnte ihm wohl nichts mehr passieren, glaubte er.

Aber es kam anders. Es war ein sonniger Frühlingsvormittag, die Forsythien begannen gerade zu blühen, als er sich in einer Bibliothek auf der Suche nach Büchern über das australische Qutback befand. Gegen 12 Uhr fiel ein etwa fünf Kilogramm schwerer Band illustrierte Weltgeschichte von der obersten Regalreihe auf seinem Kopf.

Es war kein diffuser Schmerz, wie er ihn kannte, wenn ein Geschäft misslungen war. Diesmal war der Schmerz recht konkret. Er wäre erstaunt gewesen, dass ausgerechnet er, der schon allergrößten Gefahren überstanden hatte, von einem Buch erschlagen wurde, denn Bücher empfand er - wie die meisten Leute - als ungefährlich. Aber diese Erkenntnis erreichte ihn nicht mehr.

Seine Beisetzung fand ohne Aufsehen statt. Das Buch stammte aus dem achtzehnten Jahrhundert. Der Biblio- theksleiter zeigte sich überrascht, dieser Band sei bisher noch nie runtergefallen, erklärte er.

Das Leben steckt
voller Überraschungen

Dieser Tag begann vielversprechend. Louise war schon am frühen Morgen experimentierfreudig. *Was passiert, wenn ich den Strumpf in das Glas Milch tauche?* Das Ergebnis war eindeutig: Der Strumpf wurde nass und sie bekam Probleme mit ihrer Mutter. Louise hatte wieder etwas herausgefunden.

Ihre Mutter sagte: "Man darf nicht darüber lachen. Man muss ernst und bestimmt sagen: *Das darfst du nicht,* denn Louise muss erzogen werden."

Louise ließ sich dadurch nicht beirren, sie führte weitere Experimente durch.

Warum laufe ich hier herum und nicht auf einem anderen Planeten? Mit diesen Gedanken war ich beschäftigt, als die Milch leise überkochte, während der Papst gerade im Fernsehen zu mehr Gläubigkeit aufrief. Der Papst drohte mit nicht näher genannten Konsequenzen. Ich überlegte, ob ein Zusammenhang mit der übergekochten Milch bestand. Aber ich glaube, das war reiner Zufall.

Um neun Uhr sah ich die Fernsehnachrichten.

Und nun noch ein wichtiger Hinweis: Geklonte Menschen des Typs Ernst Ludwig werden gebeten, sich bei ihrer Betreuungsstelle zu melden. Wie sich herausgestellt hat, sind ein Paar biochemische Impulse fehlgesteuert. Dieser Mangel ist relativ schnell zu beheben.

Auf dem abgebildeten Foto war jemand zu sehen, der Ähnlichkeiten mit mir hatte.

Ich blickte auf die Butterverpackung. Die abgebildete Kuh sah heute besonders unternehmungslustig aus, blieb aber auf der Verpackung. Beruhigt nahm ich die Zeitung in die Hand. Ein amerikanischer Prediger musste eine Stadt in Indien fluchtartig verlassen. Mehrere hundert Leute warfen Steine auf das Hotel, in das er abgestiegen war. Er hatte Blinden, Lahmen und Kranken Heilung versprochen. Aber die Heilung trat nicht ein. So kann man sich eine Menge Probleme einhandeln. Ich würde so etwas nie machen.

Ich wartete, bis die Sonne deutlich zu erkennen war, schloss die Augen, zählte bis zehn und atmete tief durch. Dann sagte ich mir: "Ich gebe mein Bestes!"

Auf dem Wege zum Kaufmann klagten meine Eltern einmal, dass laufend alles teurer wurde.

"Es wird immer schwerer mit dem Geld auszukommen," sagten sie.

Ich meinte darauf: "Das verstehe ich nicht, wenn Ihr beim Kaufmann bezahlt, gibt es doch immer Geld zurück." Inzwischen verstehe ich, was meine Eltern gemeint haben.

Mein Vater hatte früher im einfachen Wachdienst ein großes Munitionslager bewacht. Das war eine sichere Stellung. Eines Tages explodierte das Lager. Das geschah allerdings an seinem freien Tag und so konnte mein Vater weiterhin mit seinem Hund regelmäßig Streife gehen. Am Zaun des Munitionslagers hatte ich einmal ein Schild mit der Aufschrift: *Hier wachen ausschließlich deutsche Schäferhunde!* entdeckt.

Mein Bruder hatte es ebenfalls geschafft. "Nimm dir ein Beispiel an ihm", sagte mein Vater zu mir. Mit meinem Bruder war wirklich alles in Ordnung. Er war Inspektor zur Anstellung, las eine gemäßigte Zeitung und ass im Dienst mitgebrachtes Brot. Er fuhr einen zwölf Jahre alten Audi und hatte eine feste Freundin. In fünf Jahren würde er mit seiner Frau und zwei Kindern in ein Reihenhaus mit Flachdach ziehen. Er hatte sein Leben fest im Griff.

"Schaff dir eine sichere Stellung. Das ist das wichtigste im Leben." Diese mahnende Worte meines Vaters hatte ich noch im Ohr. Ein Anfang war schon gemacht. Ich war Mitarbeiter des Instituts für angewandte Stressforschung und verdiente mit Interviews mein Geld. Mit dem Fahrrad der Sonne entgegen. Für einen Moment vergaß ich, dass ich ein Ziel hatte. An diesem Morgen schien die rötlich-gelbe Scheibe zum Greifen nahe.

Ich bog in eine Seitenstraße. Dort stand ein Transporter mit Blaulicht und der Aufschrift *Ihr Holzwurmjäger. Schnelldienst. Tag und Nacht erreichbar.* Abgebildet war ein sportlicher Mann mit einem Jägerhut und Gewehr.

In Wirklichkeit fand die Jagd auf Holzwürmer natürlich nicht mit dem Gewehr statt. Der Holzwurmjäger hatte im Laufe der Zeit mit seinem Spezialmittel über hunderttausend Holzwürmer erlegt und dann das Bundesverdienstkreuz erhalten. Das hatte ich in der Zeitung gelesen. "Ein Leben dem gemeinen Holzwurm gewidmet", war die Überschrift. Hunderttausend Holzwürmer sind keine Kleinigkeit. Ich überlegte, wer wohl die Holzwürmer gezählt hatte. Vielleicht sollte ich Holzwurmjäger werden. Das schien etwas Sicheres zu sein.

Mein Weg führte mich durch einen Wohnpark. Ich wurde aus meinen Gedanken gerissen, als eine quäkende Stimme *Haltet den Dieb* rief. In letzter Zeit gab es immer wieder Entführungen von Gartenzwergen. Und so mussten die Gartenzwerge elektronisch gesichert werden, diesmal war es wieder ein Fehlalarm.

Zu den Entführungen hatte sich eine *Befreiungsfront für Gartenzwerge* bekannt.

Politiker zeigten sich bestürzt über diese Taten. Die Gefühle einfacher Bürger würden tief verletzt, sagten sie. Der Staatsschutz hatte die Ermittlungen an sich gezogen, da ein politischer Hintergrund nicht ausgeschlossen werden konnte.

Die Ordnung, die von den Gärten ausging, empfand ich als beruhigend. Es musste schön sein, in so einer harmonischen Umgebung zu leben. Hier hatte Unkraut keine Chance. Denn es wachten Tag und Nacht schwer atmende Männer mit pensionierten Polizeihunden darüber. Wenn die Grashalme eine bestimmte Länge überschritten, wurde ein Sensor aktiviert und es leuchtete eine rote Lampe auf. Besonders beliebt in dieser Gegend waren Biergärten. Auch einen richtigen Biertempel gab es hier.

Im Schaukasten am Ausgang der Parkanlage las ich, dass es nicht unbedingt zu empfehlen sei, das angebaute Gemüse zu verzehren. Dies müsse man leider in diesem Sommer hinnehmen. Es seien in letzter Zeit äußerst rätselhafte Unverträglichkeiten aufgetreten, die noch näher untersucht werden müssten. Ein Totenkopf unterstrich diese Angaben.

Jetzt musste ich mich beeilen, denn der pensionierte Polizeihund Lux hatte die Verfolgung aufgenommen. Ich schaffte es. Lux blieb hechelnd zurück. Es ist bestimmt auch als Polizeihund nicht leicht, alt zu werden.

Dennoch, kurz hinter dem Schild *Auf Wiedersehen*, dass als Abschluss der Gartenanlage diente, sprang ein äußerst unauffälliger Herr hinter einer Hecke hervor.

"Hatten Sie einen bestimmten Grund, so schnell zu fahren? Darf ich einmal in die Tasche sehen?"

Gartenzwerge hatte ich nicht in der Tasche, aber die Partitur der Pastorale. Ich wollte sehen, ob die Musik und diese stimmungsvollen Landschaft zusammenpassen. Er besah sich das kleine Buch genau, drehte es mehrfach um.

"Dort sind Noten abgebildet", sagte ich ungefragt.

"Das sehe ich, aber wer ist Major F?"

Ich erklärte ihm, dass es sich möglicherweise um die englische Bezeichnung der Tonart F-Dur handelte.

"Einen Moment." Er schaltete sein Funkgerät ein und versuchte mit einem Kollegen Kontakt aufzunehmen.   Nach zwanzig Minuten wurde meine Vermutung bestätigt. Schweißgebadet betrat ich die Postfiliale.

Ich sollte heute in einer Postfiliale Kunden befragen. Die Kunden standen ordentlich in fünf verschiedenen Schlangen. Einige knirschten mit den Zähnen. Ich befragte sie, als sie die Filiale verlassen wollten.

"Welche Absicht hat Sie hierher geführt?"

"Haben Sie wirklich nur Briefmarken gekauft?"

"Wie lange mussten Sie vor dem Schalter warten?"

"Und wie fühlen Sie sich jetzt?"

Dann hatte ich noch eine Zusatzfrage an die Hundebesitzerinnen.

"Auf wen könnten Sie eher verzichten, auf Ihren Mann oder Ihren Hund?"

In der Mittagspause ging ich zur nächsten Imbissbude. Sogar eine Tofuboulette wurde hier angeboten. Sie schmeckte merkwürdig muffig. Das machte mich stutzig.

"Muss das so schmecken?" fragte ich.

"Ja, das muss so schmecken", meinte der Verkäufer. "Das ist ja Naturkost. Das schmeckt nicht so schnell wie die anderen Sachen." Dabei deutete er auf die verschiedenen Würste und Pommes frites.

Dann zur Teambesprechung. Im Fahrstuhl des *Instituts für angewandte Stressforschung* roch es streng. Eigenartig, der Geruch erinnerte mich an ein Pferd. Ich konnte mir aber schwer vorstellen, dass ein Pferd hier mit dem Aufzug gefahren war. Bis 600 kg lese ich. Schwerer ist ein Pferd sicher nicht.

Sommerschuh war Leiter des Instituts. Auffällig an ihm war seine kühn geschwungene Nase. Als ich ihn antraf, zündete er sich gerade ausführlich seine Pfeife an. Die Pfeife hatte sein Leben verändert. Wir alle schwärmten von seinem neugewonnenen Flair. Er stopfte den Tabak in die Pfeife unten locker und oben etwas fester. Dann zündete er sie mit einem speziellen Pfeifenfeuerzeug mit horizontaler Flamme an.

"Man muss darauf achten, dass die gesamte Tabakfläche im Pfeifenkopf glimmt", sagte er.

Ruhig und gleichmäßig zog er an seiner Pfeife.

"Unser neues Programm hat Erfolg!" rief er mir zu. "Diese Meldung kennen Sie sicher." Er reichte mir die Zeitung.

Eine hilflose männliche Person, ca. fünfzig Jahre alt, wurde gestern, in den späten Abendstunden aufgegriffen.

Der Mann war im Begriff auf einen etwa 30 Meter hohen Baum, einer Eiche aus dem dreißigjährigen Krieg, zu klettern.

Später stellte sich heraus, dass es sich um den ehemaligen Staatssekretär Franz G. im Innenministerium handelte.

"Es ist uns geglückt, ihm einen neuen Lebenssinn zu vermitteln. Wir haben ihm deutlich gemacht, dass er gar nicht alles verstehen kann und auch nicht alles verstehen muss. Wir haben ihm eine neuartige Sinnprothese verschafft."

Sommerschuh regulierte mit dem Pfeifenstopfer den Zugwiderstand.

Ich nahm die Tabaksdose in die Hand und las, dass, wenn man diesen Tabak raucht, man sich entspannen könne, denn man wäre am Ziel angelangt.

"Dort können Sie ihn sehen." Sommerschuh zeigte aus dem Fenster. Ich sah einen fetten Mann, der emsig damit beschäftigt war, einen alten Jaguar zu polieren.

"Ein schönes Auto, Baujahr 1951", erklärte Sommerschuh.

"Er scheint sich erholt zu haben," meinte ich."

"In der Wagenpflege erlebt er regelmäßig Glücksmomente", sagte Sommerschuh.

In der Stressforschung versuchte das Institut neue Wege zu gehen.

Die Frage lautete: *Was löst Stress aus? Und wie kann man den Stress bewältigen?* Das Institut war in der Forschung ein gutes Stück weiter gekommen. Einige Testpersonen waren bewusstlos zusammengebrochen, nachdem sie einen Nachmittag auf einer belebten Kreuzung verbracht hatten. Sie fielen in einen Schockzustand. Die Experimente sollten mit Senioren fortgesetzt werden. Eine zweite Gruppe, die mit neuartigen Beißhemmern ausgestattet war, überstand das Experiment deutlich positiver. Die Beißhemmer setzte man einfach auf das Gebiss, sie gab es ohne Geschmack und mit Pfefferminzgeschmack. Die Beißhemmer waren noch in der Erprobungsphase.

"Hatten Sie eigentlich Probleme mit der Befragung?" fragte uns Sommerschuh.

Durch das Dachfenster konnte ich den blauen Himmel sehen. Die Sonne versuchte sich.

"Es war manchmal ein wenig problematisch", sagte Martin. Seine wenigen Haare hatte er mit Hilfe einer Haarcreme zurückgekämmt. Das verlieh seiner Erscheinung eine gewisse Dynamik. "Auch Probleme sind eine kommunikative Sache. Die Funktion der Problembewältigung hat verschiedene Ebenen, ist sehr komplex", sagte Sommerschuh.

"Dazu habe ich mir auch Gedanken gemacht", sagte Martin. "Ich möchte etwas dazu sagen. Ich weiß aber nicht, wie ich es abstrakt ausdrücken kann."

Sommerschuh versuchte einen Apfel abzuschälen. Würde er sich wieder in den Daumen schneiden? Gespannt sahen wir zu. Langsam schob er sich ein Stück Apfel in den Mund. Plötzlich griff er zu den restlichen Stücken und verschlang sie mit einem Male, als befürchtete er, jemand würde ihm etwas wegnehmen.

Wiebke hatte etwas trauriges mitzuteilen. Ihr dritter Mann war mit einer Computerzeitschrift in der Hand am Vortag friedlich entschlafen. Sie schien nicht besonders traurig zu sein und erzählte von ihren Plänen. Sie wollte jetzt endlich mit ihrem Hund, einem Mischling zwischen einem Dackel und einem Spitz, nach Mallorca fliegen.

Dann erzählte Eva, dass ihr neuer Zweitfreund nur im Freien mit ihr schlafen könne. Im Sommer war es wirklich schön, sagte sie, manchmal jedoch auch unbequem. Ständig waren sie auf der Suche nach ruhig gelegenen Plätzen, denn die Nähe von Ameisen und Wildschweinen wollten sie vermeiden, obwohl die Wildschweine - jedenfalls im Grunewald - recht scheue Tiere sind. Von den Ameisen kann man das nicht behaupten. Im Herbst wurde es zusätzlich auch noch kühl. Es war eigentlich nur eine Beziehung für den Sommer. Im Winter würde es einfach zu problematisch werden.

Von ihrem Hauptfreund wusste sie lange Zeit nur den Vornamen, Alfredo. Sie wusste nicht, wo er wohnte oder welche Telefonnummer er hatte. Sie konnte ihn nicht erreichen und musste warten, bis er sie anrief. Alfredo hatte eine Familie. Das war alles, was sie von ihm wusste. Aber ganz genau wusste sie das auch nicht. Vielleicht war er ein Spion. Was sie genau wusste war, dass er eine wunderschöne weiche Stimme hatte, einen Bariton. Schließlich fand sie heraus, dass er Opernsänger war. Sie hatte ihn in der Deutschen Oper entdeckt.

"Alfredo singt gerade einen Oberpriester. Er hat mir das mal mit dem Singen erklärt. Der Ton muss aus der Tiefe kommen, vom Sonnengeflecht ausgehend." Sie machte es vor.

"Das Singen muss ohne jede Anstrengung verlaufen. Auf keinen Fall darf der Ton herausgepresst werden." Eva drückte auf ihren Bauch.

"Man muss die Weite spüren. Es ist, als wenn man schwebt", schrie sie, "wie ein Luftballon, wie ein Ton, der endlos durch den Raum gleitet."

Am Nachmittag wurden Lawinen erwartet. Aber das war ganz woanders und so unternahm ich mit Jan einen Spaziergang. Er führte Experimente durch und versuchte mit einem Stock bis Australien vorzudringen. Diesmal war er jedoch nur bis zum Mittelpunkt der Erde gekommen, denn der Stock war zu kurz. Aber längere Stöcke gab es hier nicht. Dann traf er auf eine Hummel: "Die kenne ich von gestern", rief er.
Anschließend suchte er bei der Katze nach einen Reißverschluss. Die Katze war schwarz. Vielleicht war sie aber in Wirklichkeit weiß? Sie hatte aber gar keinen Reißverschluss und Knöpfe waren auch nicht vorhanden.
Am Wochenende wollte Jan ins Zentrum der Milchstraße fahren. Ich erklärte ihm, dass wir uns besser etwas anderes vornehmen sollten.

Am Abend nahm ich wieder an einer Schlacht teil. Es wurde geschossen und dazu gesungen. Ich war beim letzten Aufgebot. Als verwundeter Soldat schleppte ich mich in den Proben auf die Bühne und legte mich so bequem wie möglich hin. Der Regisseur meinte, es sei nicht ganz in seinem Sinne. Ich sehe, meinte er, so aus wie Goethe in Italien.

Danach ins Café *Zum grünen Maulwurf*. Es war fast leer. Nur am Fenster saß ein Mann und rauchte eine Zigarre. Kurz zuvor hatte ich ihn mit ungewöhnlich langen Schritten die Straße überqueren sehen. Jetzt blickte er aus dem Fenster und wartete auf seinen Kaffee. Es war

Klapprot.   Klapprot kannte ich von einem früheren Arbeitsplatz, einem Büro in der Abteilung für Jugend und Sport. Ich musste die Wirklichkeit verwalten, hatte aber nicht besonders viel zu tun. Ich war gerade in einen Opernführer vertieft, als mir eines Tages Klapprot vorgestellt wurde. Er sollte hier für ein Paar Wochen freie Arbeit ableisten.

Sein Mathematik-Studium hatte er abgebrochen, nachdem er durchs Vordiplom gefallen war. Seine nächste Station war das Finanzamt. Er wurde aber nicht als Beamter übernommen, nachdem deutlich wurde, dass er andere Auffassungen als seine Vorgesetzten hatte.

Klapprot hatte zu viele Schecks ausgestellt. Einige Schecks waren nicht gedeckt. So wurde er verurteilt, konnte aber seine Strafe als freie Arbeit ableisten. Er musste eine bestimmte Stundenzahl im sozialen Bereich arbeiten. In meinem Büro musste er Akten umsortieren. Klapprot kam sehr unregelmäßig und ich sollte ein Auge auf ihn werfen. Den ganzen Tag aß er ständig Erdnüsse und trank Milch dazu. Er hatte vielseitige Interessen und lieh sich ständig Bücher aus Bibliotheken aus, die er jedoch nie zurückgab. Und so kamen auch mal Polizeibeamte zu Besuch, um die Bücher abzuholen. Auch den Gerichtsvollzieher kannte er gut.

Einige Bücher brachte er auch mit ins Büro: Bücher über Mathematik, *Deutsche erotische Lyrik aus fünf Jahrhunderten*, *Knauer´s Schönheitsbuch*, *Das große Bauchtanzbuch* und ein Buch über Ikonen war dabei. Ständig war er auf der

Suche nach dem Sinn unseres Daseins, sagte er.

Nach einem Unfall musste er auf Krücken laufen. Seiner Krankengymnastin schrieb er Gedichte. Die freute sich darüber, denn so etwas tat sonst niemand.

Klapprot hatte doch noch seinen Weg gemacht und eine feste Arbeitsstelle gefunden. Er arbeitete im Flughafen als Abtaster. In kurzer Zeit wurde er zu einem der beliebtesten Abtaster im ganzen Flughafen. Es gab sogar Leute, die einen langen Weg auf sich nahmen, nur um sich von ihm abtasten zu lassen, offenbar besaß er ein außergewöhnliches Einfühlungsvermögen. Es waren überwiegend Geschäftsleute, die ständig unter Zeitdruck standen und mit anderen Personen kaum noch in Körperkontakt traten. Hinzu kam bei Klapprot noch sein eigenartiger Körperduft, dem viele Frauen nicht widerstehen konnten.

Er berichtete mir neulich, dass er an einem Buch über die Geschichte des Abtastens von den Anfängen bis zur Gegenwart arbeitete.

Am nächsten Morgen regnete es überraschenderweise. Ich blieb noch im Auto
sitzen, um ein Posaunenstück im Radio zu Ende zu hören und blickte durch die Windschutzscheibe.

Regen prasselte auf die Scheiben. Die Bäume und Sträucher verloren ihre festen Umrisse. Glitt ich vielleicht in eine andere Dimension?

Ich überlegte, ob es parallele Welten gab. Ich saß im Auto, aber es hätte auch alles anders sein können. Man weiß, dass es eine Materie gibt, die man nicht kennt. Und aus dieser Materie besteht hauptsächlich das Universum. Diese Gedanken überforderten mich und ich bekam einige Tage später eine hartnäckige Bronchitis.

Der Arzt blickte bei meinem Besuch kurz auf, machte sich Notizen, blickte auf seinen Bildschirm, dann schrieb er wieder, während ich ihm den Grund meines Erscheinens erklärte. Schließlich horchte er meine Lunge ab. Dabei knirschte er mit den Zähnen.

"Das sieht nicht gut aus", meinte er und schrieb wieder irgend etwas auf. Die Untersuchungen ergaben, dass ich zu wenig Eisen, einen hohen Rheumafaktor und einen Beckenschiefstand von einem Zentimeter hatte.

"Ist das schlimm?" fragte ich.

"Schwer zu sagen" und nach einer Pause meinte der Arzt "manchmal fühle ich mich in der Position eines Frosches, der nur eine sehr begrenzte Wahrnehmungsfähigkeit besitzt." Er war in einer melancholischen Stimmung und verschrieb mir Hustensaft.

Mühsam schleppte ich mich mit meinem Beckenschiefstand nach Hause.

Weitere Arztbesuche überstand ich ohne Schaden. Ich spürte, dass ich raus musste aus der Stadt, ans Meer. Die Weite spüren. Ich genoss die frische Morgenluft an der Nordsee, ein gemäßigter Wind, fast wolkenlos, nicht zu warm. Es roch nach frisch gemähtem Gras. Der Duft der Gräser und Blumen, das satte Grün und die Stille. Beim Laufen saugte ich die Düfte vom Meer und den Wiesen in mich ein. Ich spürte etwas leichtes in mir, das jedoch nicht lange anhielt, denn ich geriet in ein Konzert der örtlichen Rasenmäher, die offenbar ständig im Einsatz waren.

Wer Erlaubnisscheininhaber ist, durfte mit dem Auto auf den Deich fahren. Den FKK-Strand durfte man nur in bekleideten Zustand verlassen. Für Hunde gab es Ausnahmen. Vor einem großen, düsteren Haus standen in kurzen Abständen vier Schilder mit der Aufschrift *Achtung Klinikgelände! Unbefugten ist der Zutritt verboten*. Hier konnten sich gestresste Mütter erholen. Auch der Hundestrand war gut ausgeschildert. Es gab einen Abschnitt für kleine und einen für große Hunde. Dann gab es noch ein Schild mit der Aufschrift: *In 200 Meter beginnt das Meer. Bitte Vorsicht!*

Am Nebentisch im Café saßen zwei Frauen.

"Erst nach der Hochzeit habe ich erfahren, dass er Breitreifenfahrer ist. Das bestimmt sein ganzes Leben", sagte die eine.

"Dein Mann ist Breitreifenfahrer? Oh, das tut mir leid", erwiderte die zweite und zog mit einem Lippenstift über ihre Lippen.

"Sogar in der Hochzeitsnacht musste er, um sich in Stimmung zu bringen, erst mit zweihundert Sachen ein Stück Autobahn fahren. Sehr umständlich. Er sagt, er braucht das."

"Meiner ist da ganz anders. Er kommt nur in Stimmung, wenn er Zahlen zusammenrechnet. Oh, es ist schon spät. Wir müssen zum Abendessen.

Ich besuchte Konrad. Er hat sich hier ein Haus gekauft hatte. Ihn hatte ich lange nicht gesehen. Früher hatte er eine psychologische Praxis. Seine hagere Gestalt hatte ich noch gut in Erinnerung.

Als ich ihn antraf, stemmte er einen Sack in die Höhe und schüttete den Inhalt in eine Mühle, eine staubige Angelegenheit. Seine Schafe bekamen jeden Morgen frisch gemahlenes Korn. Es waren Brillenschafe, eine seltene Rasse. Wir betraten den Stall, plötzlich ein ohrenbetäubender Lärm. Die Schafe und Ziegen warteten schon ungeduldig auf Futter.

"Ich habe mich auf schwarze Schafe und Zwergziegen spezialisiert", sagte Konrad.

Dann zeigte er mir seine Tibetischen Zwergziegen.

"Die sind ganz selten. Diese Zwergziegen sind äußerst widerstandsfähig und einigermaßen intelligent."

Ludwig führte ein ausgefülltes Leben.

"Wie teuer sind eigentlich Zwergziegen?" fragte ich.

Ludwig nahm sich auch der Katzen an.

"Hier in der Nähe gibt es eine Reihe von Katzen, die keine Mäuse jagen, ja sogar vor Mäusen Angst haben. Katzen müssen aber Mäuse jagen. Das Problem liegt bestimmt in der frühen Kindheit. Vielleicht gab es da Konflikte, die sie nicht richtig verarbeitet haben. Folge ist ein zu geringes Selbstbewusstsein. Meine Versuche mit der Psychoanalyse klappten bisher nicht."

"Und warum?" fragte ich.

"Sie waren recht schweigsam auf der Couch und sind gleich eingeschlafen. Jetzt versuche ich es mit Hypnose und Psychodrama."

Plötzlich sprang mir eine gestreifte Katze auf die Schulter.

"Sie sucht Schutz, weil es hier Mäuse gibt", sagte Konrad.

In den Nachrichten wurde gemeldet, dass der zuständige Minister endlich von einer heißen Spur in dem Falle der mysteriösen Gartenzwergentführungen berichten konnte. Nach einem gewissen Major F. werde fieberhaft gefahndet. Von ihm wisse man leider nicht den vollständigen Namen. Der Gesuchte soll der Drahtzieher der Befreiungsfront für Gartenzwerge sein. Bei einer routinemäßigen Überprüfung war Major F. nach einer wilden Verfolgungsfahrt entkommen. Er habe wild um sich geschossen, erklärte der Leiter der Sonderkommission. Die Phantomzeichnung zeigte jemanden, der sehr gefährlich aussah.

Arthur, eine der größten Computeranlagen unseres Landes, hatte errechnet, dass vor der Stadt in kürze außerirdische Lebewesen landen würden und das nicht nur einmal, es sollte regelmäßig vorkommen. Voraussetzung dafür aber war, dass ein richtiger Flughafen gebaut wurde. Niemand konnte sich daran erinnern, dass sich Arthur bisher einmal geirrt hätte und

so wurde auch gleich ein   großes
Einkaufszentrum geplant. Die Regierung versprach sich dringend benötigte Anregungen von
den Außerirdischen.

Von seinem Fenster aus hatte Konrad an manchen Tagen eine gute Sicht auf das Rollfeld. Ich
konnte eine Gruppe von Männern erkennen, die
sich an den Händen fassten und sich etwa zwei
Stunden lang tanzend im Kreis drehten. Was sie
dazu sangen, konnte ich wegen der großen Ent-
fernung nicht verstehen.

"Das sind die Mitarbeiter der zentralen EDV-
Abteilung. Die versammeln sich jeden Montag
dort", sagte Konrad.

Es wurden Psychologen als Betreuer für die
EDV-Fachleute gesucht. Es gab das Gerücht,
dass die Softwarespezialisten keinen Einfluss
mehr auf Arthur hätten. Das konnten sie nur
schwer verkraften. Arthur soll sich für die Zu-
sammenarbeit bedankt haben und glaubte nun
alleine zurechtzukommen. Dann wünschte er
seinen Programmierern alles Gute für ihr weiteres Leben und versprach, sie auch weiterhin in
frei schwebender Aufmerksamkeit zu begleiten.
Von offizieller Seite wurde dies aber bestritten.

Sichtlich erschöpft stiegen tatsächlich eines A-
bends vier Leute aus einem verbeulten Raumschiff mit einer Aufschrift, die ich nicht entziffern
konnte. Sie schritten, noch ein wenig wacklig auf
den Beinen auf dem roten Teppich auf das
Flughafengebäude zu. Die lange Reise schien
für sie anstrengend gewesen zu sein. Mit der
Sprachverständigung gab es glücklicherweise

keine Schwierigkeiten. Die Außerirdischen hatten sich vorbereitet, denn sie konnten unser Fernsehprogramm empfangen.

"Reise anstrengend", sagte einer von Ihnen. "Wo ist Ball?" Einer von ihnen holte einen Zettel aus der Tasche und las etwas vor: "Jetzt sind wir glücklich. Wo ist Tubbietoast, wir wollen Pudding essen."

Die vier stellten sich als Dibsi, Lala, Tinki Winki und Po vor. Sie wirkten ausgesprochen pummelig. Der größte von ihnen trug ein modisches helles Sakko mit einem Stehkragen, dazu eine Hose im sportlichen Streifendessin. Die anderen drei trugen Karohosen mit schmal zulaufenden Beinen. Ihre Pullover hatten einen auffallend bunten Farbverlauf. Ein großes Bekleidungshaus hatte vor einigen Wochen gemeldet, dass es Bestellungen aus dem Weltall erhalten hatte.

Das Eintreffen dieser Wesen ist ein großer Moment für die Menschheit, sagte der Bundeskanzler.

Ja, in letzter Zeit ist wirklich eine Menge passiert.

Touristeninformation

Unsere Rieseninsekten.
Besuchen Sie auch unsere Rieseninsekten!
Die Tiere freuen sich über jeden Besuch, denn sie haben wenig Abwechslung.
Die kürzlich entdeckten Rieseninsekten leben in einer sehr abgelegenen Gegend unserer wunderschönen Heimat. Ihr Rumpf ist ungefähr zwei Meter groß. Ausgestreckt sind sie etwa dreimal so lang. Sie sollen relativ ungefährlich für Menschen sein, denn sie ernähren sich überwiegend vegetarisch, biologisch-dynamisch. Es kommt hier allerdings auf den Menschentyp an. Weitere Untersuchungen über ihr Ernährungsverhalten sind noch nötig. Wer nichts rechtes mit seinem Leben anzufangen weiß, findet hier eine reizvolle Aufgabe. Eine gewisse Vorsicht gegenüber diesen Tieren kann nicht schaden. Auch sind Kenntnisse in Selbstverteidigungstechniken und ein gutes Messer von Vorteil. Mit Judogriffen hat man gute Chancen zu überleben.
Ungewöhnlich sind Gestik und Mimik dieser Tiere. Tatsächlich kann man zwischen einem traurigen und fröhlichem Gesichtsausdruck unterscheiden. Forscher konnten auch schon ein leichtes Grinsen bei den Insekten feststellen.

Sehr vielfältig ist auch ihr Begattungsvorgang. Wissenschaftler konnten verschiedene Stellungen unterscheiden, Frau und Mann wechselweise oben bzw. unten und seitlich, quer usw. Diese Beobachtungen waren selbst für erfahrene Forscher recht anregend und dürfte auch für Sie eine Bereicherung für ihr weiteres Leben darstellen.

Viel Spaß!

Glück

Sie hatte sich immer einen ordentlichen Mann gewünscht und war froh, dass es geklappt hatte. Als ihr Mann zum Amtsrat befördert wurde, beschloss sie an einem Seminar über philosophische Gegenwartsfragen teilzunehmen, denn sie wollte auch künftig mit ihrem Mann im Gespräch bleiben. Er war jetzt Leiter der Abteilung für Grundsatzfragen in der Verwaltung geworden. Ihr Mann erfüllte sich endlich seinen Lebenstraum und kaufte sich einen Geländewagen mit extra breiten Reifen. Der Wagen war zwar teuer, aber wenn sie sich ein wenig einschränkten, würde es schon gehen. Sie hatten es jetzt geschafft, eine sichere Lebensstellung und das Reihenhaus mit einem schönen Rasen.

Aber erst, als der moderne komplette Rasenmäherset eintraf, spürten sie, dass ihr Glück vollkommen war. Dieser Rasenmäher war eine Weltneuheit, mit extra scharfen Klingen und 25 Jahre Garantie gegen Durchrostung. Jeden Freitagnachmittag kürzte er den Rasen mit elektronischer Einspritzung auf die vorgeschriebene Länge. Am Abend las er seiner Frau aus den Grundsätzen der Verwaltungsvorschriften vor.

Auch die Eltern waren zufrieden: "Schön, dass ihr es geschafft habt", sagten sie.

Das Glück hielt bis zu dem Tag, als sich herausstellte, dass das Bild über dem Sofa - ein Werk der modernen Kunst, grüne Katze auf blauem Hintergrund - eine Fälschung war.

Sie bekam Migräneanfälle, während es bei ihm der Magen war. Später wurde bei ihm auch noch ein Beckenschiefstand von 1,3 cm entdeckt. Er begann zu trinken.

Gefährliche Straßenräuber

In einem Geschäft hier in der Nähe kann man Straßen kaufen. *Straßenverkauf* steht unübersehbar am Schaufenster. Es gibt viele solcher Geschäfte in unserer Stadt. Es wird davor gewarnt, besonders billige Straßen zu erwerben, denn das könnte Diebesgut sein.

In letzter Zeit sind besonders viele gefährliche Straßenräuber unterwegs. Sie gehen bei ihren Diebestouren in der Nacht äußerst geschickt vor. Blitzschnell rollen sie die Straßen zusammen und werfen die Autos einfach achtlos zur Seite. Viele Straßen in unserer Stadt sind in letzter Zeit auf diese Weise verschwunden. Mein erster Blick morgens gilt deshalb unserer Straße. Bis jetzt ist sie noch vorhanden. Aber das ist auch kein Wunder, denn wir haben Wachen aufgestellt. Heute abend bin ich dran.

An einem Frühlingstag

Dieser Tag begann vielversprechend. Ausführlich schien die Sonne, mehr als in den Wochen zuvor. Und so wurden schon am frühen Morgen Teppiche aller Art von Hausfrauen jeglichen Alters mit einer von mir nicht vermuteten Intensität ausgeklopft. Es waren neue Teppichklopfer, mit besonders intensiver Federungstechnik. Das wusste ich aus der Fernsehwerbung. Ich vermutete, dass die Frauen lange auf diesen Augenblick gewartet hatten. Verbissenheit sah ich in ihren Gesichtern. Sie mussten früh aufgestanden sein. Sie alle nahmen an einer Verlosung um den vergoldeten Teppichklopfer der Firma *Staubex* teil. Schon Mittags waren einige von ihnen vom Teppichklopfen so erschöpft, dass sie auf einer Trage ins Haus getragen werden mussten.

Am Nachmittag meldete das Fernsehen, dass einige Lawinen runterkommen sollten. Aber das war ganz woanders. Deshalb schaltete ich um.

In der Fernsehsendung *Vorsicht Falle* habe ich dann etwas wichtiges gelernt. Man soll keine Leute in die Wohnung lassen, die behaupten im Auftrage der Bank zu kommen und das vorhandene Geld gegen Quittung mitnehmen wollen, um dann die DM in Euro umzutauschen. Sie versprechen zwar wiederzukommen, aber darauf sollte man sich nicht verlassen.

Plötzlich hörte ich ein heftiges Klingeln an der Tür. Ich öffnete noch auf einem Stück Brot kauend.

"Sie kommen im Auftrag der Sparkasse?" fragte ich. Mit der rechten Hand umklammerte ich mein Geld.

"Nein, ich bin Ihr Gesundheitsberater", sagte jemand in einem blauen Nadelstreifenanzug und zeigte mir seinen Ausweis. Dann erfuhr ich, dass ich eine falsche Kautechnik habe. Wenn ich weiter so kaue, könne es fatale Folgen für mich haben.

"Mit diesem neuartigen Kau-Set können Sie die optimale Kautechnik mühelos erlernen. Es ist wirklich kinderleicht."

"Das kommt so überraschend", meinte ich.

"Ich habe auch günstige Regenschirme im Angebot."

Der Schwan

Es ist ein sonniger Frühlingstag. Der Schwan steigt aus dem Wasser und schreitet über die Straße, richtig würdevoll, unbeirrt von den nahenden Autos, aber doch in der Nähe eines Zebrastreifens.

Er beeilt sich nicht. Manchmal bleibt er auch stehen. Dann müssen die Autos einen Bogen um ihn machen. Er hat sein Tempo gefunden und nimmt keine Rücksicht auf eilende Autofahrer.

Der Polizeiobermeister, der dies beobachtet, verspürt plötzlich einen dienstlichen Eifer in sich. Beim Versuch dem Schwan ein Strafmandat zu überreichen, wird er von einem dunkelblauen Sportwagen mit elektronischer Einspritzung erfasst.

Schon wenige Wochen später, als der Polizeiobermeister wieder bei Bewusstsein ist, wird ihm eine Medaille überreicht, wegen seines unermüdlichen Einsatzes um die öffentliche Sicherheit und Ordnung.

Ein ungewöhnlicher Tag

Als ich am Morgen wie üblich mit dem Fahrstuhl zu meinem Büro fuhr und die Tür des Aufzugs für einige Sekunden länger als üblich geschlossen blieb, bekam ich den ersten Schrecken. Es sollte nicht die einzige Überraschung an diesem Tage bleiben.

Der Vormittag verlief recht schleppend. Ich hatte nicht viel zu tun und so kreisten meine Gedanken schon bald um die Mittagspause. Als es so weit war, stellte ich fest, dass ich kein Geld mit hatte. Das ist nicht weiter tragisch, dachte ich. Die Bank lag ja genau auf der anderen Straßenseite.

Auf dem Weg dorthin stellte ich fest, dass ich auch meinen Ausweis nicht dabei hatte. Auch nicht schlimm, die Angestellten werden mich wohl erkennen. Ich betrat also den Schalterraum voller Hoffnung, konnte aber kein mir bekanntes Gesicht finden. Sicher kommt es manchmal vor, dass Angestellte versetzt werden. Aber dass das gesamte Personal ausgerechnet heute frisch war, das fand ich schon merkwürdig.

"Können Sie sich ausweisen?" Die Angestellte blickte mich prüfend an.

"Nein, leider nicht."

"Ja, tut mir leid, da kann ich leider nichts für Sie tun. Aber damit Sie nicht umsonst gekommen sind, gebe ich Ihnen einen Gutschein."

Als ich wieder auf die Straße trat, wurde gerade das Gebäude in dem mein Büro lag, zur Sprengung freigegeben.

Da hatte ich also noch einmal Glück gehabt. Wie sollte ich aber den Nachmittag verbringen? Ich besah meinen Gutschein genauer. Es war ein Gutschein für einen Rundflug über die Stadt. Dafür war kein Ausweis nötig. Das Flugzeug sah recht eigenartig aus. So habe ich mir immer ein UFO vorgestellt, eine richtig große Untertasse. "Das ist auch ein Raumschiff", sagte jemand, der sich mir als Reiseleiter vorstellte. "Unser Raumschiff befindet sich allerdings noch in der Erprobungsphase."

Es war schon ein ungewöhnlicher Tag und ich beschloss einzusteigen.

Es sollte ein Kurzbesuch auf einem nahen Planeten werden. Wohin es ging, wussten wir bis zuletzt nicht. Wir landeten auf X49. Durch die Zeitverschiebung war es möglich, dass die Reise recht schnell verlief.

Die Gegend sah nicht sehr einladend aus. Es war eine karge, wüste Landschaft. Es hieß, dass es hier früher einmal höhere Lebewesen gegeben habe. Das Klima hatte sich in letzter Zeit jedoch für Lebewesen aller Art recht ungünstig entwickelt.

Wir befanden uns in einem Gebiet mit nur schwacher Vegetation. Es gab hier nur einige Sträucher. Aber es gab noch Straßen. Dies war ein Zeichen dafür, dass es möglicherweise irgendwo in dieser Gegend doch Säugetiere gab. Tatsächlich fanden wir eine Siedlung mit Eingeborenen. Ohne Atemschutzgeräte konnten sie sich nicht mehr draußen bewegen. Viele Eingeborene gingen einer seltsamen Beschäftigung nach. Sie fuhren von morgens bis spät abends mit großen Autos auf und ab. Das Stück Autobahn war notwendig für ihr Überleben. Wir hörten von anderen Siedlungen, in denen es keine Straßen gab. Dort waren diese Lebewesen innerhalb kurzer Zeit zugrunde gegangen. Straßen waren das einzige, was ihnen einen Lebenssinn gab. Diese Säugetiere konnten sich nur dann fortpflanzen, wenn sie mit Tempo 150 in einem Auto unterwegs waren. Die genaue Technik der Fortpflanzung blieb uns allerdings ein Rätsel. Die Autobahn führte einige hundert Kilometer in die Wildnis hinein und endete dann plötzlich. Die Leute mussten dann umkehren.

Besonders liebevoll angelegt waren auch die Friedhöfe; es waren Autofriedhöfe.

Am Sonntag wurde der Friedhof rege besucht. Es waren heilige Stätten, die nur an Feiertagen betreten werden durften und dann auch nur in dunkler Kleidung mit Kopfbedeckung. Auf den Grabsteinen war in schönster Schrift eingemeißelt:

Plötzlich und für alle unerwartet fiel mein geliebter Daimler einem tragischen Unfall zum Opfer. Trotz sofortiger Hilfeleistung ließ er sich nicht mehr ins Leben zurückholen.

Das übersetzte uns ein Dolmetscher.

Einmal in der Woche gab es ein Spektakel. Eine große Veranstaltung, zu der Tausende von Leuten strömten. Es fanden Ringkämpfe statt. Derjenige, der dem Gegner zuerst die A-temschutzmaske vom Gesicht riss, hatte gewonnen. In den meisten Fällen ging dann der Unterlegene schnell zugrunde.

Verstehen konnten wir die Leute leider nicht. Und sie konnten uns natürlich auch nicht verstehen. Wir waren auf unseren Dolmetscher angewiesen. Trotzdem wurden wir überall, wohin wir auch kamen, begeistert begrüßt. Damit hatte ich nicht gerechnet. Es musste etwas besonderes an uns sein.

Schließlich fanden wir heraus, dass der Sohn des Himmels um diese Zeit kommen sollte. In den Vorstellungen der Eingeborenen hatte der Sohn des Himmels eine Glatze und eine roten Nase, genau wie ich.

Der Job kam genau zur rechten Zeit, fand ich. Die Bezahlung war nicht schlecht und ich blieb dort.

Unsere Verbraucherinformation

Ein Turbodampfstaubsauger der Marke *Siemens-Futur II* ist - kurz nach Ablauf seiner Garantiezeit - wegen sexueller Nötigung vom Amtsgericht zu einer Bewährungsstrafe von einem Jahr verurteilt worden. Nach Überzeugung des Gerichts hat der Dampfstaubsauger bei der Reinigung in einem Schlafzimmer einen gelbweiß gestreiften Roboter der Baureihe Dreistich 25-97 unsittlich berührt. Das Opfer konnte sich jedoch in letzter Sekunde aus der Umklammerung befreien. Nach den Worten des Staatsanwaltes habe der Dampfstaubsauger das Vertrauen des Roboters brutal ausgenutzt. Laut medizinisch-elektronischen Gutachtens ist eine verminderte Schuldfähigkeit des Dampfstaubsaugers jedoch nicht auszuschließen. Der Dampfstaubsauger hatte sich durch die bloße Anwesenheit des Roboters provoziert gefühlt. Der Roboter war zur Tatzeit ohne Begleitung in der Wohnung. Außerdem sei zur Tatzeit ein Druckluftventil am Staubsauger defekt gewesen. Bleibt dieser Schaden unbehandelt, könne ein Wiederholungsfall nicht ausgeschlossen werden, meinte eine elektronische Sachverständige.

Bei Turbodampfstaubsaugern dieser Baureihe seien derartige Vorfälle schon häufiger beobachtet worden. Deshalb arbeiten Ingenieure an der Weiterentwicklung dieses Haushaltsgerätes. Die Zielgruppe wird nach den Worten eines Firmensprechers Singlehaushalte sein. Man rechnet mit guten Absatzmöglichkeiten, denn die Zahl der Singlehaushalte wächst ständig.

Eine große Umstellung

Es gibt manchmal Tage, an denen alles schief läuft. Ich wollte am Morgen zur Kaffeetasse greifen, bekam sie aber nicht richtig zu fassen. Ich probierte es noch mal mit dem Ergebnis, dass sie umkippte. Mir fiel auf, dass ich gar keine richtigen Hände mehr hatte. Sie sahen eher aus wie Flossen. Das also war die Ursache meiner Unbeholfenheit. Ein Blick in den Spiegel zeigte mit das Ausmaß meiner Veränderung. Ich sah einen Drachen im Spiegel. Ich blickte mich um, bemerkte aber niemanden außer mir. Mein Mund hatte sich in die Länge gezogen. Die Augen waren hervorgetreten und die Ohren deutlich gewachsen. Offenbar hatte ich mich über Nacht verändert. Das passte mir überhaupt nicht. An diesem Tage blieb ich zu Hause und dachte über die neue Situation nach. Vielleicht würde der Zustand ja auch wieder von selbst verschwinden. Nach meiner Erfahrung erledigen sich die meisten Probleme von selbst. Am nächsten Tag würde ich zweifellos wieder wie ein normaler Mensch aussehen.

Aber auch am nächsten Tag war ich ein Drache. Jetzt fiel mir ein, dass ich vor einigen Tagen in einer Parkanlage ein Schild mit der Aufschrift: *Drachen haben Vorrang* gesehen hatte. Mit diesem Hinweis konnte ich an dem Tag nichts anfangen.

Ich   musste   Lebensmittel
einkaufen. Hier begannen die Schwierigkeiten.
"An Drachen darf ich nichts verkaufen", meinte
die Verkäuferin. "Das ist eine Anweisung von
ganz oben."
"Drachen werden also bei Ihnen diskriminiert."
Ich hustete leise. Die Verkäuferin trat einen
Schritt zurück und wurde einsichtig. Sie packte
das Brot eilig ein und gab es mir.
Mein Leben wurde komplizierter. Da sich auch
Wochen später nichts an meinem Äußeren än-
derte, musste ich mein Ausweisfoto ändern. In
einem medizinischen Ratgeber fand ich den
Hinweis, dass in meinem Fall eine Selbsthilfe
nicht möglich sei und so suchte ich einen Arzt
auf. An der Wand strahlten ausführliche anato-
mische Zeichnungen - allerdings nur von Menschen - eine medizinische Kompetenz aus, die
mich beeindruckte. Bis jetzt fühlte ich mich gesund. Der Arzt studierte den Laborbefund. Plötzlich begannen seine Augen zu leuchten. Er hatte
etwas gefunden. "Ihr Eisenwert ist zu niedrig
und der Rheumafaktor viel zu hoch", meinte er
und blickte mich zum erstenmal an. "Ich ver-
schreib` Ihnen etwas."
"Ich bin eigentlich wegen einer anderen Sache
hergekommen", sagte ich.
"Ja?"
"Ich bin über Nacht ein Drache geworden."
"Dass beunruhigt Sie?"
"Genau."
"Das ist ja hochinteressant. Gibt es ähnliche
Fälle in Ihrer Familie?

"Das ist mir nicht bekannt."

"Ich habe ein Mittel, eine Art Nahrungsergänzung, ein Gesundheitspulver. Nehmen Sie das Pulver und es wird Ihnen besser gehen, gibt es hier gegenüber in der Apotheke."

Die erwünschte Wirkung trat nicht ein, dagegen wurde jedoch meine Nase immer roter.

"Solche Nebenwirkungen können vorkommen, sind aber ganz selten", meinte der Arzt. "Da verschreibe ich Ihnen das neuentwickelte Antierosionspulver. Das müssen Sie nur auf die Nase reiben. Wie fühlen Sie sich eigentlich als Drache?"

"Es ist sehr ungewohnt für mich."

"Das verstehe ich. Vielleicht kann Ihnen der Orthopäde helfen."

Der Orthopäde betrachtete die Röntgenbilder. "Tja, Sie haben einen Beckenschiefstand, mein Lieber." Er sah mich interessiert an.

Ich besorgte mir ein Buch über die Lebensweise von Drachen und trat dem *Verein zur Förderung der Drachenkultur* bei. Die meisten Mitglieder konnten Feuer speien, ich leider nicht. Deshalb machte ich einen Termin mit einem Arzt für Inneres aus. In seiner Praxis gab es zwei Wartezimmer, eins für Drachen und eins für gewöhnliche Menschen. Dieser Arzt hatte die Feuer-Therapie entwickelt. Schon nach kurzer Zeit konnte ich Feuer speien. Endlich bin ich ein richtiger Drache.

Unsere beliebte Talkshow

"Liebe Zuschauer, wir haben heute besondere Gäste eingeladen. Es ist eine absolute Fernsehpremiere. Zum ersten Mal dürfen wir richtige Gespenster in unsere Talkshow als Gäste begrüßen."
Unter großem Beifall betreten die Gespenster die Bühne.
"Sie waren früher ein weißes Gespenst? Wie haben Sie sich dabei gefühlt?"
"Innerlich leer. Ich sah keinen Sinn mehr in meinem Gespensterleben."
"Ja und dann gab es die entscheidende Wende in Ihrem Leben."
"Genau, ich ließ mich bunt anmalen. Und jetzt bin ich wirklich glücklich."
"Kann man sagen, dass Ihr Leben jetzt bunter ist?"
"Ja, das stimmt. Ich kann es nur jedem Gespenst empfehlen, sich blau oder grün anmalen zu lassen."
"Vielen Dank. Liebe Zuschauer, heute haben wir Gespenster einmal von einer ganz anderen Seite kennen gelernt."

Sonnenverwirrung

Vielen von den Lesern wird sicher aufgefallen sein, dass wir nur eine Sonne haben und dass sie immer nur im Osten aufgeht. Das war früher anders.

Früher gab es zwei Sonnen. Eine ging im Osten auf und eine Westen. So kam es, dass sie sich am Mittag trafen und sich eine Zeit lang unterhielten.

Das machten sie jeden Morgen schon viele Jahre und es ist nicht verwunderlich, dass es ihnen eines Tages langweilig wurde. Sie hatten einfach keine Lust mehr, ständig jeden Morgen immer nur im Osten und Westen aufzugehen. So gingen sie eines Tages auch mal im Süden, dann auch mal im Norden auf.

Das verwirrte die Menschen sehr und sie beschlossen einen Untersuchungsausschuss zu bilden. Höhere Beamte sollten diese Vorfälle genauestes prüfen. Zunächst einmal wurde in den Gesetzen nachgeschlagen. War es überhaupt erlaubt, dass die Sonnen im Süden oder Norden aufgingen? Sie fanden heraus, dass es nicht direkt verboten war.

Es war an der Zeit, diese Gesetzeslücke zu schließen, fanden führende Politiker. Mit großer Mehrheit wurde den Sonnen verboten, im Süden oder Norden aufzugehen. Sie durften nur noch im Osten und Westen aufgehen. Eine Übergangszeit wurde ihnen allerdings zugestanden.

Dann wurde eine Delegation losgeschickt, die den Sonnen die neue Gesetzeslage mitteilen sollten. Sie mussten leider unverrichteter Dinge zurückkehren, weil es ihnen auf dem Weg zu den Sonnen zu warm wurde.

Schließlich wurde ein Minister ernannt, der die Sache in die Hand nehmen sollte. Er stellte einen Staatssekretär und viele Beamte ein. Diese vielen Leute bauten dann einen feuerfesten Strafbefehl. Vorher hatten sie ihre Pension gesichert.

Die neue Delegation unter Leitung eines Staatssekretärs sah so furchterregend in den Schutzanzügen aus, dass die beiden Sonnen eigentlich keine Lust mehr hatten, die Erde zu bescheinen. Es gab gute Angebote von anderen Planeten.

Und tatsächlich entschloss sich eine Sonne zu verreisen. Die Erde mit ihren Menschen empfand sie als zu langweilig. Sie ist bis heute nicht zurückgekehrt, denn das Weltall ist ziemlich groß. Die andere Sonne blieb aus Mitleid mit den Menschen vorläufig und ging von nun an nur noch im Osten auf. Das war für sie zwar eintönig, aber die Menschen waren zufrieden. Denn Unordnung konnten sie nicht leiden.

Sonntags

Ein gewöhnlicher Sonntag. Sie packen genügend Proviant für den ganzen Tag ein. Dann fahren sie langsam die große, breite Straße in Richtung Meer.

Er ist es gewesen, der früher als Leiter der Polizeidienststelle trotz Widerständen dafür gesorgt hatte, dass die Linden am Straßenrand gefällt wurden. Darauf weist er nicht selten und nicht ohne Stolz hin. Denn die Bäume stellten eine wirkliche Gefahr für die Autos dar, und es ist eine schöne breite Straße geworden.

Sie fahren bis auf wenige Meter ans Meer heran. Das ist an dieser Stelle ohne Mühe möglich. Hier stehen sonntags immer eine Menge Autos. Die folgenden Stunden betrachten sie die Wellen. Heute ist es wieder zu windig, um raus zugehen. Im Auto zu sitzen, das ist ihnen viel angenehmer. Außerdem ist es am Strand immer recht feucht. Das wissen sie von früheren Ausflügen her. Gerade noch rechtzeitig vor der Flut fahren sie zurück.

Zu Hause sehen sie sich eine Medizinsendung über Beschwerden im Alter an, und am Abend gibt es einen Film über ungelöste Kriminalfälle. Danach verriegeln sie gründlich die Tür.

"Ich glaube, ich schaffe mir wieder einen richtigen Schäferhund an," sagt er. "So eine Sicherheit ist schon wichtig."

Er nimmt sich vor, am Montag den Wagen zu reinigen, denn es ist doch ein wenig Sand in das

Auto eingedrungen, meint er. Gleichzeitig entdeckt seine Frau plötzlich Streifen auf den Fenstern. Sie beschließt jedoch, mit dem Putzen bis zum nächsten Morgen zu warten. Verschmutzte Fenster können beide nicht leiden. Außerdem legt er als ehemaliger Polizist darauf Wert, jederzeit einen ungehinderten Überblick über die Straße zu haben.

Der nächste Sonntag beginnt ähnlich, nimmt aber eine entscheidende Wendung, da sie es diesmal nicht schaffen, rechtzeitig vom Strand wegzufahren. Eine außergewöhnlich große Welle nimmt sie zusammen mit dem Auto hinaus aufs Meer.

Er soll zuletzt in eine Hochglanzbroschüre über Geldanlagemöglichkeiten vertieft gewesen sein, während sie in der aktuellen Fernsehzeitung blätterte.

Experimente

Die Rolle des Schläfers spielte Einhaar bis zum Morgen überzeugend. Daran hatte er keinen Zweifel, denn er war ein geübter Schläfer. Er hatte auch schon in dieser Disziplin mehrere Preise gewonnen. Schlafen war eine Kunst, die kaum jemand so gut beherrschte wie er. Früher schlief er gelegentlich im Schaufenster eines Warenhauses, um sich auf diese Weise etwas Geld zu verdienen. Nicht selten klatschte die Zuschauer morgens Beifall, wenn er aufwachte. Sie riefen: "Zugabe, Zugabe!" Und so drehte er sich noch einmal auf die andere Seite. Als Schläfer war er wirklich unschlagbar. Trotzdem, auf die Dauer gesehen war es doch eine recht einseitige Art, sein Geld zu verdienen. Er fühlte sich nicht genügend herausgefordert. Und so wurde er Versuchsschläfer in einem Labor.

Einhaar wachte an diesem Morgen früher als gewöhnlich auf und fühlte sich wie gerädert. Er glaubte, eine Eisenbahn sei durch das Schlaf-zimmer gefahren. Aber das konnte eigentlich nicht sein, denn heute war ja Dienstag. Und am Dienstag fuhr der Zug gewöhnlich eine andere Strecke. In letzter Zeit hatte jedoch der Verkehr stark zugenommen, so dass vielleicht eine Fahrplanänderung erforderlich war. Nach einer halben Minute war Einhaar in der Lage, den ers-ten klaren Gedanken zu fassen. Das war ja alles Blödsinn. Natürlich ist bisher nie eine Eisenbahn durch sein Schlafzimmer gefahren. Das hatte er nur geträumt. Tatsächlich fuhr die Bahn nur über seinen Flur. Intercityzüge machten ihm auch nichts aus. An Nahverkehrszügen, die dicht an seiner Schlafzimmertür entlangbummelten, hatte er sich noch nicht gewöhnen können.

Die letzte Nacht war anstrengend für Einhaar gewesen, an mehrere Alpträume konnte er sich erinnern. Er war auf einer einsamen Insel und wurde von einem Eilzug verfolgt. Nur mit knapper Not konnte er sich retten.

Wenn er in die Küche wollte, musste er erst die Schienen überqueren. Das war zwar unbequem, aber dafür musste er keine Miete zahlen.

Das ganze war ein großes psychologisches Forschungsprogramm. Die Frage lautete: *Was löst Stress aus?* Psychologen wollten herausfinden, wie der Verkehrslärm auf Menschen wirkt. Einige ältere Bewohner waren schon bewusstlos zusammengebrochen. Sie fielen, trotzdem sie schwer hörten, immer wieder in einen Schockzustand und brachen zusammen. Das konnte sich niemand so richtig erklären.

Einhaar selbst hatte bisher standgehalten. Auch das konnten sich die Wissenschaftler nicht erklären.

Die Experimente wurden fortgesetzt. Eines Morgens traf er auf eine ungewöhnlich lange Schlange in seiner Wohnung. Er nahm den Zollstock zur Hand. Sie war neun Meter lang. In einem Lexikon las er, dass es sich nur um eine Python handeln konnte und er erschrak, denn so eine Schlange kann gefährlich werden. So stand es jedenfalls im Lexikon.

Einhaar glaubte für einen Moment, dass der Boden unter ihm schwankte. Das war ja klar, fiel ihm ein, denn die Erde dreht sich ja unentwegt.

Diese Schlange jedoch ging ihm nicht mehr aus dem Kopf. Einhaar wurde zunehmend zerstreuter, kam irgendwie aus dem Rhythmus. Von seinem Hausarzt bekam er den Rat, doch Mal mit seinem Versuchsleiter zu sprechen.

"Sie fühlen sich unwohl, seitdem die Schlange bei Ihnen wohnt," meinte der Psychologe.

"Ja, ich habe das Gefühl, dass sie nicht dorthin gehört."

"Erzählen Sie etwas über sich. Wie ist das Verhältnis zu Ihrer Mutter?"

Und nachdem Einhaar alles erzählt hatte, fühlte er sich für einige Tage erleichtert.

Aber die Schlange blieb. Regelmäßig nahm er seinen Zollstock zur Hand, um sie zu messen. Sie blieb genau neun Meter lang. Das beruhigte ihn. Aber dann fiel ihm ein, dass die Schlange immer noch eine nicht zu unterschätzende Gefahr für ihn darstellte. Seine Herztätigkeit und Blutdruck waren noch normal. Auch sein Schlaf ließ sich durch die Schlange nicht erschüttern.

Seine Schlafstörungen begannen erst, als ein größeres Raubtier an seiner Schlafzimmertür kratzte. Er vermutete, dass es ein Tiger war oder ein ähnlich großes Raubtier. Er kannte die Geräusche aus dem Zoo und schloss vorsichtshalber die Schlafzimmertür ab. Trotzdem spürte er eine innere Unruhe und konnte nur schwer zu seinem gewohnten Schlaf finden.

Er wollte sich nicht beklagen, eine abwechslungsreiche Tätigkeit hatte er sich immer gewünscht. Er fühlte sich nun genügend herausgefordert.

Er nahm sich vor, am nächsten Morgen auf ein höheres Honorar als Versuchsperson zu bestehen.

Berufe mit Zukunft:

Machen Sie eine Fortbildung zum Drahtzieher!

Als Drahtzieher müssen Sie einiges Geschick mitbringen. Drahtzieher sind gesuchte Leute. Sie brauchen nur einen Blick in die Zeitung zu werfen oder den Fernseher anschalten. Fast ständig werden Drahtzieher gesucht. Drahtzieher müssen sämtliche Fäden in den Händen halten, eine manchmal nicht einfache Aufgabe.
Das Wort Drahtzieher ist ein wenig missverständlich, denn mit Draht im engeren Sinne hat es heute nicht viel zu tun. Das ist historisch bedingt. Früher hatten die Drahtzieher tatsächlich Draht in den Händen und führten Marionetten. Wie so vieles, hat sich auch dies geändert. Geblieben ist allerdings, dass ein Drahtzieher im Hintergrund bleiben muss. Eine andere Theorie besagt, dass der Begriff Drahtzieher von Ernst August Draht stammt. Er lebte im achtzehnten Jahrhundert, fing mit einfachem Draht an zu arbeiten und stieg erfolgreich in die Politik ein. Später entwickelte er die bekannte Drahtzieh-Technik, die fast jeder leicht erlernen kann.
Der Drahtzieher würde alles verderben, wenn er in den Vordergrund treten würde. Für Leute, die sich stets im Mittelpunkt sehen wollen, ist diese Tätigkeit nichts. Die Verdienstmöglichkeiten sind sehr unterschiedlich, ebenso die Aufstiegschancen. Nicht selten sind Karrieren vom einfachen

Drahtzieher bis zum führenden Drahtzieher. Empfehlenswert ist zunächst ein Einstieg als Drahtzieherassistent.

Insgesamt kann man sagen, dass es sich um eine abwechslungsreiche Tätigkeit handelt, die große Umsicht erfordert. In Kürze beginnt unser einjähriger Lehrgang zum staatlich geprüften Drahtzieher. Inhalt der Ausbildung sind u.a. Drahtziehmanagement und Drahtziehkommunikation. Bei entsprechender Eignung erhalten Sie vom Arbeitsamt eine Förderung. Voraussetzung ist ein mittlerer Bildungsabschluss und eine mindestens einjährige Arbeitslosigkeit.

Mit unserem Diplom in der Tasche sind Sie auch in der Politik ein gefragter Mitarbeiter.

Wenn Sie sich nicht ganz sicher sind, können Sie an einem Drahtzieh-Schnupperwochenende teilnehmen.

Wir beraten Sie gerne!

DAS INSTITUT FÜR ANGEWANDTE DRAHTZIEHUNG.

Das Angebot

Ich fühlte mich seit einigen Tagen krank. Es sah zunächst noch harmlos aus, wurde aber schlimmer und so schleppte ich mich zum Arzt. Nach eineinhalb Stunden Wartezeit sagte dieser:

"Sieht schlecht aus. Das ist ganz gefährlich, was Sie haben."

Nach diesen Worten fühlte ich mich noch schlechter. Dass es so schnell zu Ende gehen würde mit mir.

Penizillin, nicht sprechen, nicht kauen, trinken nur mit Strohhalm. Am nächsten Tag wieder zum Arzt, zwei Stunden Wartezeit:

"Das sieht nicht gut aus. Sie sollten ins Krankenhaus."

Der Arzt telefonierte.

"Im Krankenhaus ist für drei Tage eine Liege freigeworden."

Der Stationsarzt war guter Laune:

"Dass Sie es noch zu Fuß ins Krankenhaus geschafft haben."

Nach einer kurzen Untersuchung meinte er: "Mit der Leber könnten Sie noch einige Jahre leben. Ihren Magen können Sie vergessen. Ihr Herz ist O.K. Und die Nieren erst, Nieren erzielen zur Zeit hohe Preise. Sie brauchen doch Geld?"

"Wie ist es mit meinem Gehirn?"

"Gute Idee, das werde ich überprüfen."

Am nächsten Tag meinte der Stationsarzt:

"Unser Chefarzt hätte Interesse an Ihrem Angebot."

Herausforderungen

Achillis hatte sich auf unberührte Natur spezialisiert, verkaufte unbewohnten Inseln an Groß-
städter und konnte sich einen Geländewagen
als Zweitauto mit über vier Liter Hubraum leis-
ten. Für diesen Wagen hatte er hart arbeiten
müssen. Am liebsten fuhr er mit ganz breiten
Reifen. Er fühlte sich bis zuletzt als Kämpfertyp,
wenn er durch den Feierabendverkehr fuhr. Im
Stau stehend, träumte er von der nächsten
Wüstenrallye. Ständig war er auf der Suche
nach Herausforderungen. Achillis hatte in der
Zeitung gelesen, dass auf der Strecke zwischen
zwei kleinen Ortschaften, einige hundert Kilometer entfernt, in letzter Zeit rätselhafte Unfälle
passierten. Mitten in der Nacht fuhr ein junger
Mann gegen den einzigen Baum, der sich auf
dieser Strecke befand. Einige Tage später kam
eine ältere Frau von der Fahrbahn ab, über-
schlug sich und landete auf ein frisch umgepflügtes Kartoffelfeld.
Schließlich verschwand ein ganzer Reisebus mit
Fahrgästen. Es wurde von renommierten Wis-
senschaftlern in Erwägung gezogen, dass sich
der Reisebus nun in der vierten Dimension, zwischen Raum und Zeit befinden könnte.
Das war die Herausforderung, die Achillis suchte. Er rüstete sich und seinen Wagen für jeden
möglichen Fall aus. Schneeketten für das Auto
und für sich eine Taucherausrüstung.

Eine Zeitlang passierte überhaupt nichts. Eine langweilige Landschaft zog an ihm vorbei. Plötzlich wurde der Wagen langsamer. Dann blieb er stehen. Nach einer kurzen Untersuchung stellte er schweißgebadet fest, dass der Tank leer war. Er spürte, dies war der entscheidende Moment in seinem Leben. Die vierte Dimension war zum Greifen nahe. Ein enttäuschend normal aussehender Opelfahrer half ihm mit Benzin aus.

"Sie sehen ja ziemlich blass aus", sagte der Opelfahrer.

Jetzt - nachdem er auch diese Gefahr heil überstanden hatte - konnte ihm wohl nichts mehr passieren, glaubte er.

Aber es kam anders. Es war ein sonniger Frühlingsvormittag, die Forsythien begannen gerade zu blühen, als er sich in einer Bibliothek auf der Suche nach Büchern über das australische Qutback befand. Gegen 12 Uhr fiel ein etwa fünf Kilogramm schwerer Band illustrierte Weltgeschichte von der obersten Regalreihe auf seinen Kopf.

Es war kein diffuser Schmerz, wie er ihn kannte, wenn ein Geschäft misslungen war. Diesmal war der Schmerz recht konkret. Er wäre erstaunt gewesen, dass ausgerechnet er, der schon allergrößten Gefahren getrotzt hatte, von einem Buch erschlagen wurde, denn Bücher empfand er - wie die meisten Leute - als ungefährlich. Aber diese Erkenntnis erreichte ihn nicht mehr.

Seine Beisetzung fand ohne Aufsehen statt. Das Buch stammte aus dem achtzehnten Jahrhundert. Der Bibliotheksleiter zeigte sich überrascht, dieser Band sei bisher noch nie runter gefallen, erklärte er.

Ein verständnisvoller Mitarbeiter

Wir können nichts negatives über ihn sagen,
er zeigte ein reges Interesse an seiner Aufgabe
und bemühte sich stets mit großem Fleiß
im Allgemeinen den Anforderungen
gerecht zu werden.
Wir haben ihn bewundert,
denn für seine Arbeit hatte er durchaus Verständnis,
im übrigen zeigte er sich sehr gesellig
und trug so zur Verbesserung
des Betriebsklimas bei.
Auch im Umgang mit Vorgesetzten
erwies er sich als tolerant,
wir werden stets seiner gedenken,
es wird für uns nur schwer möglich sein,
ihn zu ersetzen.
Wir freuen uns, dass er endlich
eine seinen Fähigkeiten entsprechende Tätigkeit
als Minister gefunden hat.

Der Kampfhund

In der Gegend, in der Grünhals – der ein Spezialgeschäft für Hängelampen besaß - wohnte, wurde seit einiger Zeit häufig eingebrochen. Und so hatte sich sein Nachbar einen Kampfhund zugelegt. Dafür hatte Grünhals volles Verständnis. Kurze Zeit später bat ihn sein Nachbar, den Hund zu versorgen, denn er wollte für einige Tage verreisen. Er sagte ohne Zögern zu. Später kamen ihm aber Bedenken, denn ihm fiel ein, dass der Hund ja ein Kampfhund war. Aber da war der Nachbar nicht mehr zu erreichen. Also besorgte er sich Bücher über das Verhalten gefährlicher Tiere. Wenn man wilden Tieren gegenübertritt, darf man sich auf keinen Fall etwas anmerken lassen, man darf nicht ängstlich erscheinen. Das hatte er sich eingeprägt.

In der folgenden Nacht wurde er von Alpträumen verfolgt. Er sah Reste einer Briefträgeruniform verstreut auf dem Garten liegen. Links in der Ecke des Gartens befand sich ein kleiner Hügel, versehen mit einer Gedenktafel: "Hier ruht der letzte Einbrecher. Er hat tapfer gekämpft..." war dort zu lesen.

Am nächsten Morgen machte er sich auf den Weg, um den Hund zu versorgen. Ihm war klar, dass er sich anders als sonst ausstatten musste. Seine Arme hatte er sich von seiner Frau schienen lassen und auch seine Beine waren dick eingewickelt. Selbstverständlich trug er einen Helm. Er wusste nicht, wie hoch so ein

Hund springen konnte. Jeder muss einmal sterben, aber das muss ja nicht unbedingt heute sein, dachte er. Seine Frau stand mit einem Gewehr bereit. Das Gewehr war natürlich nicht geladen. Es sollte nur zur Abschreckung dienen. Grünhals musste lange suchen, bis er einen winzigen Hund verschüchtert in einer Ecke des Gartens fand. Er kam jaulend und winselnd auf ihn zu. Sollte das der Kampfhund sein? Oder sah er so einschüchternd aus, und der Hund war geschrumpft, als er ihn sah? Auf jeden Fall ging Grünhals als Sieger vom Platz. Es war e-ben alles eine Frage des sicheren Auftretens. Er schrieb ein Buch über erfolgreiches Auftreten in gefährlichen Alltagssituationen. Wenig später wurde sein Leben auch verfilmt.

Hinweis:

Uwe Zabel

Schnappschildkröten
FÜNF-MINUTEN-SATIREN

Klaus Bielefeld Verlag, Friedland 1999
99 Seiten, DM 14,80 - ISBN 3-932325-72-9

Leseprobe:
Aus den Angeln

Heute ist Montag und es ist ein schöner Tag. Die Sonne gibt sich Mühe und scheint so gut sie kann. Ich fühle mich wirklich ausgezeichnet und spüre riesige Kräfte in mir wachsen. Es ist an der Zeit, mal etwas Entscheidendes zu tun. Am Nachmittag gegen drei Uhr ist es so weit. Ich hebe die Welt aus den Angeln. Das ist ganz schön anstrengend.

Jetzt sitze ich hier und weiß nicht mehr, wie die Welt zusammenpasst.

Ich hätte vorher ein Foto machen sollen.